これ1冊でぜんぶわかる タロットの基本

恋愛 仕事 お金 人間関係をかんたんに読み取る★

ルナ・マリア

主婦の友社

はじめに

悩みや懸案事項が持ち上がって、誰かにアドバイスを求めたくなっても「人に相談するのはちょっと……」と躊躇してしまうことはありませんか。深刻になればなるほど、そう簡単には打ち明けられなくなるものです。そんな時に、ぜひ思い出してほしいのが「タロットカード」です。タロットカードは、あなたに進むべき道を示す心強い味方になってくれます。

とはいえ「タロット占いは難しい」と思っている人は少なくないようです。もしかしたら、あなたもそのひとりかもしれません。確かに神秘的な絵柄が描かれた、たくさんのカードを目の前にしたら「難しそう」という印象をもたれても仕方ないでしょう。

けれども一度興味をもって親しんでみれば、これほど楽しく頼りになるとは、と感心してもらえるに違いありません。誰にも相談できないことをこっそり打ち明ける気持ちで、ぜひタロット占いに挑戦してみましょう。本書は、そのための手助けになるように、との思いからカードの一枚一枚について、できるだけ詳しい解説を施しました。

タロットカードは「心を通じ合いたい」と強く思えば、きっとそれに応えてくれるはず。そうして、あなたにタロットカードを通し、幸せをつかむ糸口を見つけてもらえることを願っています。もしも本書が少しでもそのお手伝いができるなら、これほど嬉しいことはありません。

ルナ・マリア

目次

contents

タロットカードとは

タロットカードとは、大アルカナ22枚、小アルカナ56枚の計78枚で一揃いとなるカード群（この一揃いをタロットデッキ、タロットパックといいます）で、各々のタロットデッキごとに趣向を凝らした美しい図柄が施されているのが特徴です。

その「タロット」という言葉の語源には諸説ありますが「道」を表すTarと「王」を表すRogから成り立っている、つまり「王道」を意味する言葉である、というのは興味深いものです。人生の王道を模索するのに役立つ道具、という解釈ができるわけですが、それは大いに納得のいくところでしょう。

タロットカードの起源とは

タロットデッキが現在のように大アルカナと小アルカナを合わせて合計78枚で一揃いのスタイルになったのは、今から約300年前といわれています。が、その発祥にも諸説あり、はっきりしたことはわかっていません。古代エジプトや古代ユダヤ、ギリシャ、インド、中国など、世界中の様々な国や地方がその発祥の地としてあげられてはいるものの、決定的な資料は見つかっていないのが現状です。

また、タロットカードがトランプと似ていることにお気づきの方もいらっしゃるでしょう。トランプもタロットカードの小アルカナも4種類のスート（マーク）からなり、各々エースから10の数札と人物札で構成されており、スートの呼び名や人物の人数に違いはあっても、かなり似通っている、といえます。そのため大アルカナと小アルカナからなるタロットカードから派生したものが、トランプであると思われがちです。が、実はその反対で、ゲームや賭けに使われるトランプが先に存在しており、トランプがタロットカードのルーツなのです。そのため、当初はタロットカードもトランプ同様に、ゲームや賭けに使われるプレーイングカードとしての色合いが強かったようです。けれどもタロットカードはそこから独自の発展を遂げ、いつの頃からかは定かではないものの、占術のための道具、という位置づけが明確になっていきました。

タロットデッキを用意するには

タロットカードでの占いを始めるにあたって、自分だけのタロットデッキを用意しましょう。基本的にタロットカードは誰かに借りたりするものではありません。場合によっては人から譲り受けることもあるでしょうが、そうだとしても自分専用であることが大切です。カードに触れ、その図像を眺めたりシャッフルしたり、スプレッドを展開したり、カードに語りかけたり（これがとても大切なことです）して、心を通じ合わせながらカードからのメッセージを受け取ろうとする必要があるからです。そこに他者の介入があってはならないのです（手ほどきを受けたりする場合は別として）。

では、タロットカードはどこで手に入るのでしょうか。町の書店や文具店、おもちゃ屋さんなど、タロットカードを扱っているお店は、意外にたくさんあります。特にトランプや花札のようなカードゲームを扱っているお店では、様々なデザインのカードを見つけられるでしょう。また、インターネットでも注文することができますが、できれば実際に手にとって、しっくりくるものを選びたいところ。といっても、環境によってはそうもいかないでしょうから、まずは「何となくこれでいいような

気がする」程度だとしても、何かしらピンときた、縁を感じる、というような第一印象やインスピレーションによって選ぶといいでしょう。

その際は、大アルカナと小アルカナを合わせて78枚一揃いであることを確認しましょう。中には大アルカナ22枚のみで販売されている場合もありますから、注意が必要です。大アルカナのみでのスプレッド（展開法）もありますし、確かに大アルカナだけで占いができないわけではありません。中には大アルカナしか使わない、というタロティストもいます。が、タロットカードを知っていくにつれて、やはり小アルカナの必要性を痛感するようになりますし、多彩なスプレッドを身につけたいと思ったら、最初から78枚のタロットデッキを用意するのが賢明です。

ファーストカードとして相応しいのは

そこで初めて手にするタロットカードとして相応しいデッキを考える場合、著者としては、やはり本書でも取り上げているライダー・ウエイト版をおすすめしたいと思います。

インターネットの普及により、世界中からあらゆる物を取り寄せられる時代になった今日、様々なタロットカードを目にする機会に恵まれるでしょうし、パッと目を引くカードも少なくないでしょう。もちろん先に説明したように、何かしらピンときた、縁を感じる、ということでそうしたデッキを選ぶのも、決して間違いではありません。が、初心者が初めて手にする場合、ポピュラーで比較的手に入りやすいこと、絵柄が見やすくわかりやすいこと、解説書やテキストが豊富であること、小アルカナのニューメラルカード（数札）の正逆が明確なことなど、総じて扱いやすいデッキであることがライダー・ウエイト版をおすすめする理由です。

ライダー・
ウエイト版の
タロットデッキ

ライダー・ウエイト版とは

ライダー・ウエイト版は、アメリカで生まれ、のちにイギリスに移住したアーサー・エドワード・ウエイト博士（1857～1942）によって生み出されました。イギリスに移住したウエイト博士は大英博物館での研究職に就くかたわら、イギリスの魔術結社であるGD（Golden Dawn、ゴールデン・ドーン、黄金の夜明け団）に所属し、魔術やシンボリズムの研究を積み、多くの著書を残しています。

そうした活動の中で作り出されたのが、今日「ライダー・ウエイト版」と呼ばれるタロットデッキなのです。このデッキはウエイト博士が生み出したために「ウエイト版」と呼ばれるわけですが「ライダー」とは、このデッキの発行元の会社の名前です。

ライダー社から発売されているウエイト博士のタロットデッキなので、「ライダー・ウエイト版」と呼ばれているわけです。また、このデッキは「ウエイト・スミス・デッキ」と呼ばれることもあります。それはこのデッキの作画にあたったのがGDのメンバーである画家、パメラ・コールマン・スミス女史であることに由来するものです。

いずれにしろ、この「ライダー・ウエイト版」は1909年にライダー社から発行されて以降、1世紀以上を経た現在でも、世界中で最もポピュラーで親しまれてきたタロットデッキ、といっても過言ではないでしょう。

タロットカードのサイズと注意事項

タロットカードの絵柄は多彩で、古い手描きのものには美術的価値の高いカードも少なくありません。78枚揃ってこそ占術の機能を果たすタロットデッキですが、たとえ1枚しか現存しないとしても「シングルカード」として美術品と同等の扱いを受けるカードもあるほどです。

そんなタロットカードには、特に決まったサイズがあるわけではありません。何となく片手に収まるサイズのようなイメージがありますが、実際にはマッチ箱のように小さなもの、新書版くらいの大きさのものなど様々です。そのため実際に手にとって購入する場合は大丈夫だとしても、ネットなどでオーダーする際は、しっかりと縦横のサイズを確認するようにしましょう。

また、タロットカードのような複数の美しいカード群に「オラクルカード」「メッセージカード」などと呼ばれるものがあります。これらは基本的に占術家やタロティストがタロットカードを研究しているうちに、そこからインスピレーションを受けて生み出されたようです。それぞれにこだわりをもって作られたカードは、どれも美しく魅力的でとても人気となっています。ただ、枚数や構成がタロットカードとは異なるため、タロットカードと同じ使い方はできませんから、混同しないよう気をつけましょう。

タロットカード78枚の構成

タロットカードは、大アルカナ22枚と小アルカナ56枚の計78枚で一揃いのタロットデッキとなります。中でも小アルカナは4つのスートに分かれ、各スートにはエースから10のニューメラルカードと呼ばれる数札と、4枚のコートカードと呼ばれる人物札があります。コートカードとは、宮廷に登場するペイジ、ナイト、クイーン、キングの4人の人物を描いたものです。

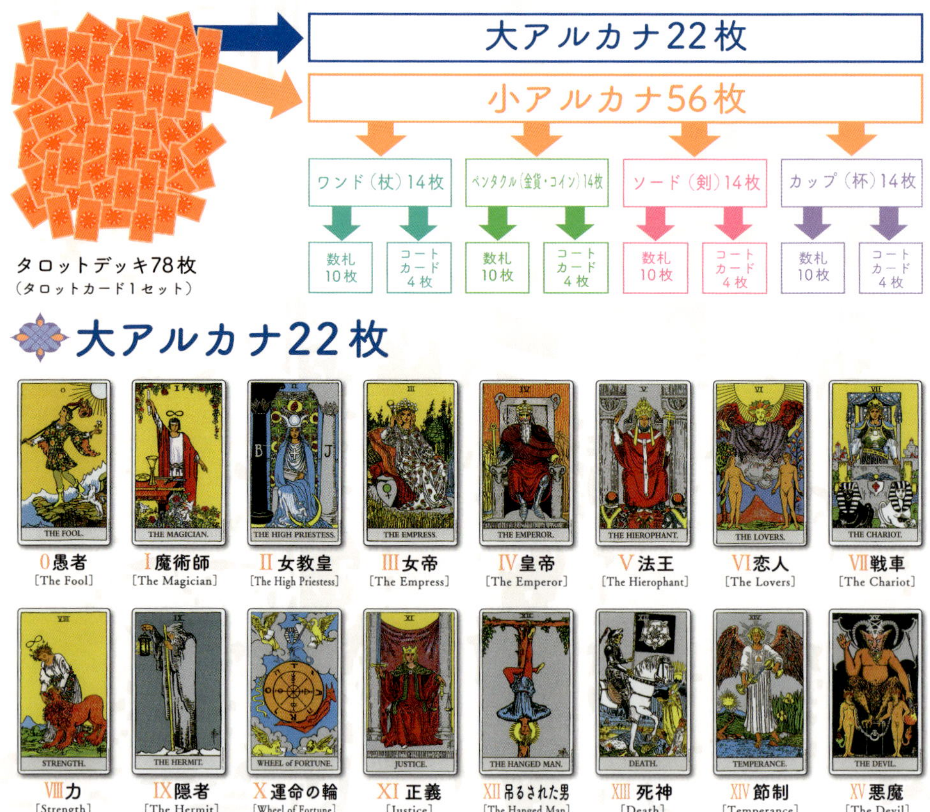

XVI 塔 [The Tower]　XVII 星 [The Star]　XVIII 月 [The Moon]　XIX 太陽 [The Sun]　XX 審判 [Judgement]　XXI 世界 [The World]

小アルカナ56枚

ワンド（杖）14枚

ワンドのエース [Ace of Wands]
ワンドの2 [Two of Wands]
ワンドの3 [Three of Wands]
ワンドの4 [Four of Wands]
ワンドの5 [Five of Wands]
ワンドの6 [Six of Wands]
ワンドの7 [Seven of Wands]
ワンドの8 [Eight of Wands]
ワンドの9 [Nine of Wands]
ワンドの10 [Ten of Wands]
ワンドのペイジ [Page of Wands]
ワンドのナイト [Knight of Wands]
ワンドのクイーン [Queen of Wands]
ワンドのキング [King of Wands]

数札10枚　コートカード4枚

ペンタクル（金貨・コイン）14枚

ペンタクルのエース [Ace of Pentacles]
ペンタクルの2 [Two of Pentacles] 
ペンタクルの3 [Three of Pentacles] 
ペンタクルの4 [Four of Pentacles] 
ペンタクルの5 [Five of Pentacles] 
ペンタクルの6 [Six of Pentacles] 
ペンタクルの7 [Seven of Pentacles] 
ペンタクルの8 [Eight of Pentacles] 
ペンタクルの9 [Nine of Pentacles] 
ペンタクルの10 [Ten of Pentacles] 
ペンタクルのペイジ [Page of Pentacles] 
ペンタクルのナイト [Knight of Pentacles] 
ペンタクルのクイーン [Queen of Pentacles] 
ペンタクルのキング [King of Pentacles] 

数札10枚　コートカード4枚

ソード（剣）14枚

ソードのエース
［Ace of Swords］

ソードの2
［Two of Swords］

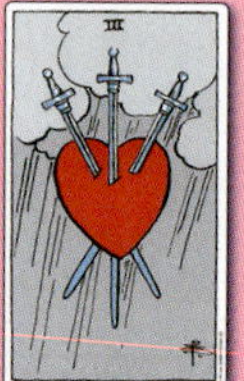
ソードの3
［Three of Swords］

ソードの4
［Four of Swords］

ソードの5
［Five of Swords］

ソードの6
［Six of Swords］

ソードの7
［Seven of Swords］

ソードの8
［Eight of Swords］

ソードの9
［Nine of Swords］

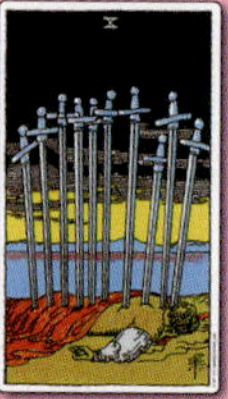
ソードの10
［Ten of Swords］

数札10枚

ソードのペイジ
［Page of Swords］

ソードのナイト
［Knight of Swords］

ソードのクイーン
［Queen of Swords］

ソードのキング
［King of Swords］

コートカード4枚

カップ（杯）14枚

カップのエース
［Ace of Cups］

カップの2
［Two of Cups］

カップの3
［Three of Cups］

カップの4
［Four of Cups］

カップの5
［Five of Cups］

カップの6
［Six of Cups］

カップの7
［Seven of Cups］

カップの8
［Eight of Cups］

カップの9
［Nine of Cups］

カップの10
［Ten of Cups］

数札10枚

カップのペイジ
［Page of Cups］

カップのナイト
［Knight of Cups］

カップのクイーン
［Queen of Cups］

カップのキング
［King of Cups］

コートカード4枚

第1章・大アルカナ

78枚で一揃いとなるタロットデッキのうち、22枚が大アルカナです。0からXXI(21)の大アルカナは、人が生きるうえで影響を受ける様々な力を象徴しています。それらの力は、人を成長させ充実したゴールへと向かわせようとするもの。どのカードがどんな影響を及ぼすのか、一枚一枚のカードの意味合いをしっかりと確認し、理解していきましょう。

タロットカードは大アルカナと小アルカナを合わせた78枚のカードの意味するところを理解しなければならないため、その量の多さから、とても難しいと思われがちです。でも、最初からすぐに全部を覚えようとするよりも、まずはこの大アルカナの22枚を理解することを目指しましょう。それぞれのカードに独自の世界観と特徴がありますから、ワンカード・オラクルの毎日の運勢(P.175参照)を見ていく方法などで、よりカードに触れる機会を増やし、親しみながら覚えていきたいものです。最終的にはすべて覚えるにしても、少しずつ実践することで、気がついたら全部覚えていた、というような感じになれたら、しめたものです。

なお大アルカナの「アルカナ、Arcana」とは、ラテン語の「アルカヌム、Arcanum」の複数形です。これは、神秘や秘密、奥義、秘薬などを表し、まさに充実した人生を過ごすための奥義を与えてくれるもの、秘密を教えてくれるもの、秘薬となるもの、という意味合いがあります。

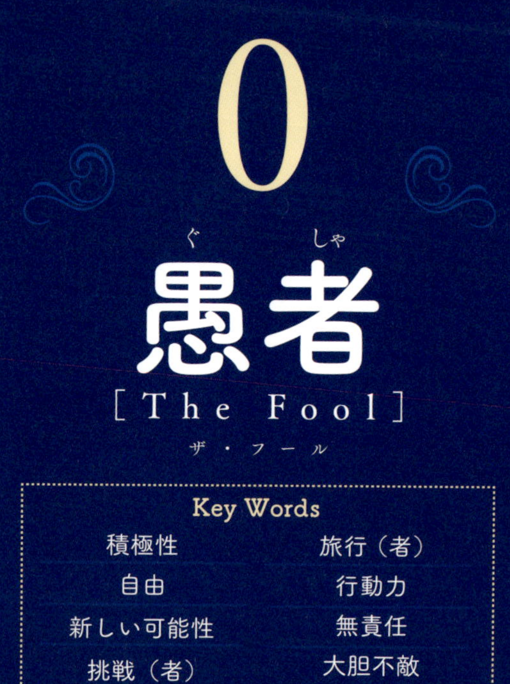

0
愚者
[The Fool]
ザ・フール

Key Words

積極性	旅行（者）
自由	行動力
新しい可能性	無責任
挑戦（者）	大胆不敵

困難をも乗り越えるパワーの持ち主

0番の愚者は、両手を広げ足取りも軽く天空を見上げる人物が描かれているカードです。その人物が若者であることは、朝顔模様の衣服を身につけていることからわかります。朝顔は、朝そのものを象徴し、人生の始まりの頃を示しているからです。そして右手には棒の先にくくりつけた少しの荷物を、左手にはバラの花を持っています。棒は先へ進もうとする意志を、荷物は蓄えられた知恵を、バラは崇高な精神性を表しており、この先に起こりうる幾多の困難をも乗り越えていけるだけのパワーの持ち主であることを示しています。けれど足元に見えるのは断崖絶壁であり、その道のりは決して楽ではないことが暗示されています。しっかり足元を見つめなければ、転落してしまう場合が。それでも、エネルギーの源である太陽、忠誠心を表す犬、バラが無垢の象徴である白で描かれており、その先の見通しは未知数です。

人懐こくてマイペース

- 自由気ままで、直感のままに行動する
- マイペースで周りに振り回されない
- 大胆に相手の懐に飛び込んで、協力者を獲得する
- 未知の可能性を秘めている
- 先を恐れずに前進していくだけの力が与えられる

本当に自分が望む道、目指すべき方向を見定めて

周りの目を気にしたり、この先どうなるかなんて考えるより、本当に自分が望む道、目指すべき方向を見定める時期が来ていることを暗示しています。思い込みや先入観も捨てて、ニュートラルな心で向き合う必要があるでしょう。それは一見、とても難しいことのように思えますが、思い切って一歩踏み出せば、きっと「よかった」と思える展開に結びつくはず。

ただ納得のいく結果を得るには、熟慮のうえでの行動、全力投球の姿勢も大切です。それがあれば、自然と周りからの支援や協力も得られるでしょう。理屈を並べて相手を説得しようとするより、天真爛漫で無心に頑張る姿は、それだけで魅力的。最初は「何を夢のようなことを」と笑う人がいるかもしれません。けれど、いつしか周りを唸らせるようなことを成し遂げる可能性を秘めています。

よく考えて行動する大切さを暗示

- 無鉄砲な言動からの失敗
- 計画の途中で投げ出してしまう
- できもしないことを吹聴してあきれられる
- 考えなしの行動や気まぐれのツケが回ってくる
- 自己主張ばかりが強く、周りへの配慮に欠ける

自分の考えを過信せず、冷静で慎重な姿勢を

よく考えもせずに行動したばかりに、大きな失敗をするなど、後悔の原因をつくってしまいそう。しかも大して反省もしないので、同じ失敗を繰り返しかねません。また落ち着きのなさや緊張感のなさが目立ち、周りの人に不安や不快感を与えてしまうこともあるよう。あと一歩、というところまで来ているのに、詰めの甘さが目立って、それまでの努力を台なしにしがちなのです。よい面ををたくさん持っているのに、軽率な行動で、それをうまく生かすことができず、自分の魅力にも気づいていない場合も。目先のことばかり気にして、ベストな選択を見失ってしまうことのないよう、冷静な判断と行動が必要です。場合によっては、誰か経験者や信用のおける人物にアドバイスを求める必要もあるでしょう。自分の考えを過信しないよう、慎重になりたいところです。

多くを学ぶ伸びしろと可能性を秘めている

22枚の大アルカナは、1番からではなく0番から始まります。それは、何もないところから始まり、何もないところに戻っていく、という循環的世界観によるところが大きいでしょう。0番に配当された「愚者」である若者が成長していく過程で巡り合う様々な事象が、1番から21番のカードに示されている、と考えるタロティストも少なくありません。つまり、この札名の「愚者」とは、単なる「愚か者」という意味ではなく、これから多くのことを学び得る伸びしろと可能性を秘めた自由な精神の持ち主を表しているのです。大胆で自由奔放なだけに、無鉄砲で無責任なところがあり、時に失敗を招いてしまうかもしれません。けれど、その失敗さえも精神的栄養として吸収し、大きく成長していけるのです。人生で無駄なことは一切ない、という考え方が、この「愚者」のカードにも当てはまるでしょう。

なお「ライダー・ウエイト版」タロットカードの生みの親であるウエイト博士は、この「愚者」を特別なアルカナとして20番の「審判」と21番の「世界」の間に置くべきだ、という考え方を示しています。またタロティストによっては、1からスタートして0に回帰するという考え方から、21番「世界」の後に持ってくるべきだ、との主張も。

こうして各々のタロティストが独自の考え方や実践をもとに、自分なりの配列を提唱しており、そのどれが正しく、どれが間違っているとはいえません。著者は何もないところから始まり、また無に帰る、という循環的世界観が納得のいくところなので、本書でも0番の「愚者」を最初に紹介しています。ソーティング時（P.168参照）も、このカードを一番上にしています。先にも述べたように、どの考えが正しくどの考えが間違っている、ということではないので、ご自身の納得のいく考え方を採用してほしいと思います。

項目別リーディングポイント

Positive

［恋愛］

直感に従って行動してよさそう。まさに、恋は理屈じゃない、ということを示唆。自由に伸び伸びと行動することで、自分の魅力をアピールできる。自由で型にはまらない、束縛を嫌う恋。自分の思い通りにしようとすれば、逃げていってしまうかも。

［仕事］

独創性を生かして才能を発揮するチャンス。自由な発想とクリエーティブな感性が光る人物、またそのタイミング。一から自分たちで立ち上げ、作り上げていくべき時期の到来。好きな仕事に飛び込んでいきたい気持ちを表す。マニュアル重視では行き詰まる兆し。

［お金］

決して安定しているとはいえない。不安定要素、突発的な出費の予感。宵越しの金は持たない、という考え方。あればあっただけ使ってしまうけれど、なければないなりに何とかやっていける。計算ずくより、直感を信じての判断に分がある。思いがけない臨時収入。

［人間関係］

マイペースな行動が功を奏する。しがらみからの脱却。必要以上に他人に干渉しないのが肝要。相手の自由や意志を尊重することによって得られる信頼感。周りに流されることなく自分の意志をしっかりともてば、良好な人間関係が築いていける暗示。

Reverse

［恋愛］

熱しやすく冷めやすい、気まぐれな恋。その場限りの恋や、長続きしない恋。浮気や不倫の可能性。相手に振り回されてばかりの恋になりそう。その場の気分や雰囲気に流されて、後悔しないよう気をつけて。心変わりの可能性。気持ちが盛り上がっても、冷静な見極めが大切。

［仕事］

他のことに気をとられて、やるべきことがおろそかになる。計画性のなさから、タイムオーバーになってしまう。志半ばにしての挫折の可能性。忍耐力不足で諦めてしまう。後先のことを考えないで赤字になる。目標を見失う。情熱だけで突っ走ると、思いがけない障害が。

［お金］

浪費や損失に対する警戒の必要性。無計画な出費が原因での破綻。衝動買いへの注意。大胆な投資はリスクばかりが大きくなることを忘れずに。うまい話や詐欺に関する警告。自分だけは大丈夫、という油断が取り返しのつかない結末を招きそう。慎重な判断が大切。

［人間関係］

相手を信じすぎるのも疑いすぎるのも、トラブルの原因に。冷静な判断を。人を頼りすぎて失敗しがち。ほどよい距離感が大切。相手のなにげないひと言にムキになって、気まずい雰囲気に。大人げない言動は慎んで。その時の気分でわがままを言ったり、きつい態度をとりそう。

I

魔術師

［The Magician］

ザ・マジシャン

Key Words

独創性	勉強熱心
向上心	ごまかし
始まりの始まり	アレンジ能力
話術	モチベーション

魔法の杖を持ち未知のパワーを探求

1番の魔術師は、魔法の杖のような棒を右手で高く掲げ、今にも呪文を唱えんとしているかのような人物が描かれているカードです。手前の机に置かれたワンド（杖）、ペンタクル（五芒星が描かれたディスク）、ソード（剣）、カップ（杯）は、世界の構成要素のシンボルである四大元素「火・地・風・水」に相当します。魔術師は万物創生の謎に迫り、宇宙の真理と未知なるパワーを探求する求道者です。頭上の8の字を横にしたようなレムニスケート（インフィニティー・無限）やローブに巻かれたウロボロスの蛇は、いずれも循環、無限を象徴し、永遠に続く創造エネルギーを表します。神々との交信をも試みる魔術師ですが、謙虚に学ぶ姿勢を失わなければ無限の可能性を秘めています。けれども己の能力にうぬぼれたり、いい加減なまやかしに妥協するとしたら、単なるインチキマジシャンに成り下がってしまうでしょう。

多方面で才能が開花する

◉コミュニケーション能力が向上する
◉新しいものを作り上げるひらめきに満ちている
◉多方面に才能を発揮し、注目を浴びる
◉人々の関心を惹きつけてやまない魅力が備わる
◉多彩な人々との交流で新しい才能が花開く

全力投球で頑張るべきタイミングの到来

全力投球で頑張るべきタイミングにきています。ここでの頑張りは、大きな飛躍に結びつくでしょう。勘が冴え、効率よく新しいことをマスターし、技術を身につけられる兆しも。それだけ成功を実現しやすい状況、といえます。自分の能力を過信せず、かといって出し惜しみすることなく、思う存分ステップアップに向けて邁進したいもの。

また、コミュニケーション能力に優れ、自分の思いが相手に伝わりやすい兆し。真心をもって話をすれば、相手の賛同を得て味方になってもらえるでしょう。新しいアイディアを思いついたり、ひらめきによってステップアップの道が開けそうです。いずれにしても机上の空論に終わらせることなく、実行する行動力が要求されます。言うことは立派だけど、実行するとなるとさっぱり、なんて言われないよう、しっかりと行動を伴わせる姿勢を。

準備不足や中途半端が招く失敗

◉失言によって信頼を失う
◉準備不足で好機を逃す
◉言うことが二転三転して周りを振り回す
◉勢いは最初だけで、すぐに失速してしまう
◉次々新しいことに手を出しては、どれも中途半端に終わる

発言には責任をもち、慎重になることが大切

その場を取り繕うような発言や、場に相応しくない失言によって信頼を失う事態を引き起こしてしまいそう。また、気分によって言うことが二転三転することも少なくない時。いずれにしても、発言には十分に気をつけ、慎重になることが肝要です。一度口から飛び出した言葉は、消えてはくれないし、二度と引っ込められない、ということを肝に銘じ、発言には責任をもちましょう。

その時の勢いや気分で手を出して、結局は投げ出してしまう可能性が。どんなにときめくようなひらめきやアイディアでも、しっかりとしたコンセプトのもと、十分な下準備をしてこそ実現に至ることを忘れないで。先を見越した計画を立てるのも大切で、実現してもすぐに終わってしまうようでは労力のわりに収穫は少ないもの。いかに持続していくか、までを考える必要があるでしょう。

不思議な力で人々を驚かせる人物

長い歴史をもつタロットカードは、様々な時代、様々な地方で多様なデッキが制作されてきました。そのため図柄も多彩で、個性あふれるものが少なくありません。そんな中、本書で紹介しているライダー・ウエイト版をはじめ、マルセイユ版、キャリー・イェール・パックなど伝統的なデッキには、１番の「魔術師」のカードに注目すべき共通点があります。それは、魔術師の前には机があり、その机上には複数のアイテムが描かれている、ということです。バージョンによって描かれるアイテムは異なるものの、魔術師は不可能を可能にする存在ですから、これらの道具を使って新たに様々なものを創造し、神と交信する能力を秘めていることが示されています。

なお「魔術師」はMagicianを訳したものですが、その語源は古代ペルシャのゾロアスター教の司祭であるMagus、マゴス（複数形はMagi、マギ）であり、聖なる力を授けられし者たちを示します。また、Magician、マジシャンといえば手品師、奇術師とも訳されますが、あながちその解釈も間違っているわけではありません。というのも、マルセイユ版スタイルの最古のデッキ、ジーン・ノブレ版のMagicianの机上にはさいころが描かれており、カップ（杯）もボールやコインを覆って客にどこにあるか当てさせる小道具にしているなど、手品師や奇術師として表現される傾向もあったからです。

いずれにしろ、日常的にはありえない現象を引き起こし、不思議な力によって人々を驚かせる人物であることには間違いありません。だからこそ、皆が惹きつけられるのです。

なおウエイト版の魔術師の机上に描かれた、ワンド、ペンタクル、ソード、カップは、そのまま小アルカナの４つのスート（マーク）に相当していますので、ぜひ確認してみてください。

項目別リーディングポイント

Positive

Reverse

[恋 愛]（正位置）

フィーリングの合う人との出会い。恋の始まりの予感。知的な会話が楽しめる相手。ときめくような恋の到来。相手はモテモテのタイプのよう。職場や学校など、パブリックな場が恋の舞台に。相手からの積極的なアプローチがありそう。共通の話題で相性アップ。

[仕 事]（正位置）

ステップアップのチャンスに恵まれる。収入の増加。ヘッドハンティングの可能性。自分自身に頑張る姿勢があれば、夢や目標にもグンと近づくことができそう。時流に乗って成功をつかめる。トレンドをうまく取り入れる。仕事が楽しくて充実感を得られる兆し。

[お 金]（正位置）

資金繰りがうまくいく。思いがけない臨時収入。土壇場で出資者が現れ、難を逃れられる。諦めかけていたお金が戻ってくる。欲しかったものが格安で手に入る。金銭面での幸運の暗示があるが、そこで有頂天になるのは禁物。幸運に感謝して、冷静な姿勢を忘れずに。

[人 間 関 係]（正位置）

初対面から気が合う相手。その場で盛り上がって楽しい計画が持ち上がる。お互いにリスペクトし合える仲。バランスのとれたチームワーク。双方が満足できるウインウインの関係。おおむね良好な人間関係の暗示があるが、自分勝手な言動で大失敗も。思いやりの心を大切に。

[恋 愛]（逆位置）

真剣味に欠ける恋。相手は遊び人かも。もしかしたら嘘ばかりだったり、遊びの可能性が。しっかりと相手の真意を確かめる必要がある。気持ちが伝わらなくて、やきもきしがち。優柔不断な相手の態度に不安を感じる。良好な関係を築くには、相当な努力と忍耐が必要。

[仕 事]（逆位置）

連絡不足、連絡ミスによって引き起こされる失敗。勘が鈍って働かない。ルーティンをないがしろにしてのトラブル。慣れからくる油断。いずれにしろ自分のやるべきことに誇りをもち、丁寧に取り組む姿勢が大切。計画倒れや転職願望が持ち上がりそう。ただし、慎重な判断を。

[お 金]（逆位置）

あてにしていた収入が見込めなくなる。予定外の出費。思いがけない予算オーバー。しかも大幅な予感。口約束からの失敗。貴重品や金銭の紛失、盗難に対する警告。金銭に関することには、緊張感をもって対応すべき。几帳面な態度も不運を遠ざけるポイントに。

[人 間 関 係]（逆位置）

上から目線。感じの悪い対応。会話がかみ合わずぎくしゃくしてしまう。騙される、または騙し合いになる。その場限りで長続きしない関係。自慢話ばかりしてあきれられる。スタンドプレーに走ってひんしゅくを買う。相手の立場を尊重すると同時に、相手を見る目を養う必要が。

II 女教皇(じょきょうこう)

［The High Priestess］

ザ・ハイ・プリーステス

Key Words

深い学識	内面の深さ
調和	高い理解力
純粋	秘められた真実
聡明	普遍性

英知が結集された律法書を持つ女性神

２番の女教皇は、懐に巻物を携え、真っすぐに正面を向いた人物が描かれているカードです。エジプトの女神イシスの頭飾りを模した冠を身につけ、足元には三日月が配されており、この人物が女性（女性神）であることが示されています。懐の巻物には「TORA」の文字が見えます。トーラとは律法書であり、人々が平和に幸せに暮らすための英知が結集されており、そこには厳しい戒律や生活の教えなど、様々な事柄が記されています。女教皇の左右に配された２本の柱の、白い柱にはJ、黒い柱にはＢと、それぞれアルファベットが刻まれています。Jはヤキン（Jahkin）、Ｂはボアズ（Boas）の頭文字で、前者が神の慈悲を、後者が神の試練を表しています。また、女教皇の後方のタペストリーにはザクロ（女性性）とシュロ（男性性）が描かれ、調和やバランスの大切さが込められています。

思慮深さからもたらされる好結果

- 直感的に正しい判断ができる
- 意外なタイミングで未来が啓示される
- 真摯な態度で人に向き合う大切さ
- 静かに深く考える、内省や瞑想
- 思慮深い配慮によって好結果がもたらされる

気持ちを落ち着かせ内省的になることが大切

たとえ悩みや懸案事項があっても、大騒ぎしたり、気持ちを高ぶらせることは賢明ではありません。気持ちを落ち着かせることで、自然と最良な対処法が思いつくでしょう。また、直感や第一印象を大切にすると、結果的によい方向に向かいそう。今まで隠れていたことがはっきりしてきて、進むべき道が見えてくる兆しです。早計な判断や行動は得策ではありません。じっくり考えたうえで結論を。それも誰かにアドバイスを求めるのではなく、内省的になるのが賢明です。自分の気持ちを正面から見つめ直し、本当はどう思っているのか、どうしたいのか、改めて問いかけを。答えはあなた自身の中にあるのです。

じっくりと考えて方向性を決めたら、後はとやかく言わずに不言実行を目指したいものです。偏った考え方に陥ることなく、常にバランスのとれた思考を心がけることで、うまくいくでしょう。

うわべだけを見て判断を誤りがち

- 極端な考え方や行動で周りから浮いてしまう
- 神経質な言動で周囲の雰囲気を悪くする
- うわべだけにとらわれて判断を間違ってしまう
- 頑(かたく)なさや思い込みの激しさが原因での失敗
- 物事を大げさに捉えたり、被害者意識が強くなる

バランス感覚や自制心を忘れずに

繊細さや鋭い感性も、行きすぎるとヒステリックで思い込みが激しいだけ、という印象につながります。バランス感覚や、ほどほどに、ということを学びたいものです。自分のことだけで精一杯で、周囲の人に迷惑をかけたり傷つけたりしていることに気がつきません。もっと周りに配慮すべきです。

しっかりと本質を捉えようとする見方や考え方はできているでしょうか。ともすれば、うわべだけしか見えていないのかもしれません。自分は間違っていない、自分だけは大丈夫、という考え方は危険です。もしかしたら、と自問自答する姿勢が大切です。

不平不満が露骨に態度に表れがちです。それがどんなに自分のマイナスになるかも知らずに。すぐに気持ちが表情に出るようでは、損をするばかり。自制心を忘れないようにしたいものです。

Ⅱ 女教皇［The High Priestess］ザ・ハイ・プリーステス

ベールに包まれた、神の英知や宇宙の真理に通じた人

女教皇は、テキストによっては「女司祭」「女司祭長」として紹介されている場合があります。プリーステス「Priestess」とは、司祭を指すプリースト「Priest」の女性形であり、そこに「High」がついていますから、高位の女司祭ということになるからです。「教皇」とは、キリスト教の最高位聖職者の称号ですから、「女教皇」はすなわち最高位聖職者である女性、という解釈が成り立つでしょう。けれどもキリスト教（カトリック史）において、このような称号が実在するわけではありません。この実在しない称号である女教皇は、伝説上の人物がモデルになっている、といわれています。が、キリスト教以外の、たとえば中世ヨーロッパのマギ（司祭）の中には女性の高位聖職者は確かに実在しました。また、古代エジプトの女神イシス「Isis」である、古代の月の女神の化身、など、いくつもの説があり、それだけ神秘のベールに包まれた、謎めいた存在であるといえるでしょう。

いずれにしろ、この女教皇が象徴するのは高い精神性と深い知識をもった人物。神の英知や宇宙の真理に通じており、慈愛に満ちていながらも、どこか近づきがたい雰囲気を身にまとっています。それだけに、決して表立った派手さはありませんが、人々の尊敬と信頼を集めてやみません。

また、伝統的なタロットデッキのひとつである、キャリー・イェール・パックには「女教皇」は存在しません。このデッキの２番のアルカナは「愛徳」Charity、チャリティーとなっています。チャリティー事業、チャリティー募金など、「チャリティー」という言葉は比較的よく耳にしますが、これはキリスト教的な慈愛の精神、無償の愛を意味し、広義では慈善、博愛、思いやりを指す言葉です。こちらもまた、高い精神性と結びついているといえるでしょう。

項目別リーディングポイント

Positive

［恋愛］

なかなか進展しない関係、スローペースな恋、控えめで積極性に欠けるなど、恋愛模様ではじれったい展開になりそう。プラトニックラブ、一度理解し合えれば強い絆で結ばれる、一途な気持ちを貫き通す、信じて待ち続ける、といった強い精神力を伴う恋愛。神秘的。謎の多い人。

［仕事］

ひとつのことを極めたり、深く掘り下げることによって成功する。真剣な態度。責任感が強い。じっくりと取り組んで予想以上に成果をあげるなど、仕事面での充実を示す。また、縁の下の力持ち、裏方の仕事に才能を発揮しそう。研究者、学者、技術者に向いている。

［お金］

堅実な出費と計画的な貯蓄。無理のない投資や返済計画など、経済面での手堅さがうかがえる。決してけちけちしたりがつがつためるばかりでなく、趣味や楽しみにも上手にお金を使うゆとりがある様子。意外にしっかりためていそう。隠し財産。思いがけない相続。

［人間関係］

厳選した友人との親密な関係。量より質を大切にした交友関係。合わない相手と無理して一緒にいるより、ひとりの時間を大切にする。静かで落ち着いた、大人の付き合い。じっくりと話し合う。相手の顔色をうかがったりせず、自信をもって付き合いたいところ。

Reverse

［恋愛］

猜疑心が強く、なかなか心を開けない。考えすぎ、取り越し苦労の傾向など、後ろ向きな恋愛になりがち。すれ違いが多く、誤解を生みやすい。なかなか思いが伝わらない。片思いのまま終わってしまう恋。思い切って自分から飛び込んでいくのも大切かも。

［仕事］

準備不足、実力不足からの失敗。注意力散漫で、仕事に集中できない。自分の仕事に疑問が持ち上がる、スランプに陥る。このあたりで、いったん立ち止まって進むべき道を見極めるのが賢明。下手なプライドが邪魔をする。見栄を張っての失敗。油断からの失敗や手抜き作業。

［お金］

細かな出費も気になっての出し惜しみ。お金への執着が強く、がつがつした印象。安物買いの銭失い。人の財布をあてにする、などお金にまつわるイメージダウンの恐れが。しっかり貯金もするけれど、出すべきところは気持ちよく出す、というめりはりある行動が大切。

［人間関係］

いたずらに攻撃的になって、敵をつくりやすい。友人への過干渉。好き嫌いが激しく、それが露骨に顔に出てしまう。仲間割れの危険性。意固地になって孤立を深める。冷たい態度や心ない言葉で相手を傷つけてしまう。優しさや思いやりの気持ちを取り戻したい時。

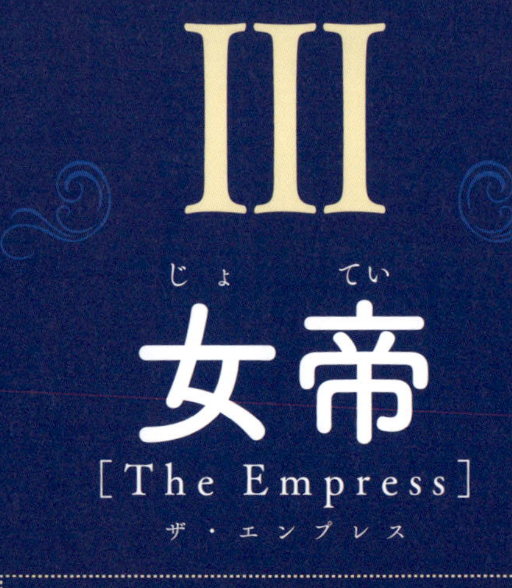

Key Words

豊穣	美しさと逞（たくま）しさ
ゆとり	浪費と無駄
生命力	慈愛
安定	おせっかい

万物の命を生み、慈しみ育む母性の象徴

3番の女帝は、ボリュームのあるローブをまとい、屋外に置かれた玉座にゆったりと腰かけた人物が描かれているカードです。玉座に立てかけられたハート形の盾には、西洋占星術における金星の惑星記号「♀」が刻まれています。金星は美と愛を司る女神ヴィーナスの象徴ですから、文字通りこの人物が女性であることを示しています。女帝が身につけているローブは果実の模様が施されており、豊かな実りと収穫を表します。万物の命を生み出し、慈しみ育んでいく母性の象徴であり、産む能力を授かった女性として最高位に君臨しています。頭上に輝く12の星々がちりばめられた冠は、黄道十二宮を表し、恵みの大地だけでなく、宇宙をも司っていることを示しています。木々が生い茂り、あふれんばかりの穀物が実り、そこに豊かな水の流れがある。すべてにおいて、彼女の周りには豊穣とゆとりが見て取れるでしょう。

十分に満たされた居心地のよい状況

◉寛容で穏やか、包み込むような優しさがある
◉努力することで豊かな実りがもたらされる
◉十分に満たされ、あまりある豊かさを享受する
◉ゆったりと安心できる居心地のよい場所
◉美しさと逞しさを併せ持ち、芯の強さがある

現在の頑張りが、未来の支えとなる

懸案事項も賢明な尽力によって、うまく乗り切ることができるでしょう。しっかりと計画を練って準備をしてきたことに、予想以上の成果がもたらされるのももうすぐです。最後まで油断せず、手を抜かず、きっちりやり遂げたいもの。

気持ちにゆとりをもって、ゆったりと構えていることで、恋愛面での朗報が。結婚に関しても、機が熟してきたことを告げています。チャンスや幸運のきっかけが身近に隠れていそうです。が、ちゃんと下準備をして、成功の花を咲かせるための種まきをしておくことも忘れずに。現在の頑張りが、未来のあなたの支えとなるのです。

大らかな気持ちを大切にすると、嬉しいことが。特に身近な人、親しい間柄の相手にはこまやかな配慮や優しさを。自室や身の回りを整理整頓して、居心地よくしつらえておくのも開運の基本です。

偏った関係が生み出す閉塞感

◉過剰が飽和状態を生み、いたずらに無駄にする
◉押しつけがましく、場の雰囲気や相手の気持ちを考えない
◉どちらかが一方的に依存する偏った関係
◉八方美人になって、逆に信頼を失う
◉やりすぎ、行きすぎによってもたらされる閉塞感

本当に相手のことを思った対応を

それは本当に必要でしょうか。ないと不安だからと、過剰にため込んではいませんか。物でも心でも、断捨離とまではいかないにしても、シンプルに整えることで、あるべき本来の姿が見えてくるでしょう。

あなたのよかれと思っての言動は、本当に相手のプラスになっているでしょうか。ただ押しつけているだけかもしれません。真に相手のことを思った対応とはいかなるものか、今一度考えてみる必要がありそうです。

どうもやりすぎてしまうようです。適度なところでやめておく、という上手なブレーキのかけ方を学ぶ必要があります。相手が何も言わないのをいいことに、頼りすぎて失敗しないように。逆にやたらと頼ってくる相手には、毅然とした態度で接することも考えたいものです。よく思われようとするより、誠実な対応を。

万物の生みの親でもひとりでは命をつくり出せない

女帝は万物の生みの親の象徴ですが、ただ産むだけではありません。産み育て、大いなる成長までを見守る存在です。それは男性にはもちえない資質であり、産み落とし、愛を注ぎ、慈しんで育てる。そのすべてを併せ持ってこその女帝であり、そこには絶対的な女性性があります。

この女帝のカードが第３のアルカナであることにも注目しましょう。「３」は整数の中で、初めて図形を形作ることができる最小単位です。「１」は１つの点にしかすぎず、「２」は２つの点であり、２つの点を結びつけても直線ができるだけですが、「３」で点が３つになることで、それらを結びつけると三角形が形作られます。線として考えても同様に、１本の線はただの直線であり、２本の線はどこまでいっても平行であるか、一度交わると、後はどんどん離れていってしまいます。３本の線になってはじめて、組み合わせることでひとつの形、すなわち三角形ができるのです。このように点や線を結んでできた内側の空間には神聖なエネルギーが宿る、と信じられ、数々の儀式や祈りの場とされてきました。特に、３点が等しい角度（それは自然と三辺も等しい長さになるわけですが）を持つ正三角形は、より強力な神の力が宿る、と考えられています。そのため、魔法陣や願いが成就するよう祈りを込めて作られるタリスマン（護符、お守り）に、その形が多く見られるのです。

その一方で、新しい命を宿すには、そのもととなる子種がなくてはなりません。万物の生みの親である女帝をもってしても、何もないところからたったひとりの力では、命をつくり出すことはできないのです。男性の力と合わさることによって、子を宿し産み落とすことができる。そこに生命の神秘があり、この世の成り立ちを象徴しているかのようです。

項目別リーディングポイント

Positive

［恋愛］

愛し愛される両思いの関係。愛情に満ちた充実した関係を築ける兆し。相手はあなたに好意を寄せていそう。素直な気持ちを大切にすることで、愛情を獲得できる兆し。いずれにしろ、自分の気持ちに嘘をつかないことが大切。自然な流れでの意中の相手との急接近に期待が。

［仕事］

ますます充実してやりがいを感じられそう。今まで積み上げてきたことに期待通りの結果が得られる兆し。業績のアップ、対前年度クリアが見込めそう。このまま頑張っていけば、先の見通しも明るい。事業拡大や他分野への進出を視野に入れるのも間近のよう。

［お金］

こつこつとためていくことで目標額に達成できる兆し。投資や財テクでの成功が見込めそう。いずれにしろ、自分に合った方法で蓄財を増やしていける模様。直感と情報をバランスよく加味した判断を。エビでタイが釣れる予感。無欲でいることが、逆に利益をもたらす暗示。

［人間関係］

お互いに相手のことを思いやる。自分のことより相手を大切に思う気持ち。また、それらを保てる心のゆとりがあることを示す。無理をせず自然体で付き合える関係。一緒にいることで、互いの能力が何倍にもなる相乗効果を生む関係。良好で心温まる雰囲気。和やかなムード。

Reverse

［恋愛］

心配のしすぎや独占欲の強さから関係に亀裂が。相手の気持ちはもちろん、自分の気持ちを信じられるかが鍵になりそう。気まぐれやわがままで相手を振り回す。一方通行の愛情、ひとりよがりな愛情。恋愛は相手があってこそ、ひとりではできないことを忘れないで。

［仕事］

手を広げすぎての失敗。見込みの甘さから大きく収益を見誤ってしまう。経費や備品など、様々なところでの無駄が露見しそう。後先を考えずに退職や転職を試みての後悔。どれも堅実な姿勢を忘れなければ、防げた事案ばかりのよう。今後は無理をせず慎重な取り組みが鍵。

［お金］

見栄を張っての散財。予定外の出費、予想以上に経費がかかりすぎる。甘い見通しが招いた大幅な赤字。思ったほど増えずに見直さなくてはならない事態。気まぐれからの投資や買い物による失敗。堅実な姿勢を忘れなければ、防げることばかり、といえそう。慎重さを。

［人間関係］

八方美人な態度がもたらすトラブル。気まぐれな発言、わがままな態度、いい加減な姿勢。それらがより相手に強い印象を与えて、イメージダウンの原因に。また相手のそうした態度に悩まされる気配。いずれにしろ誠実な態度を心がけ、相手に誤解を受けないよう気をつけて。

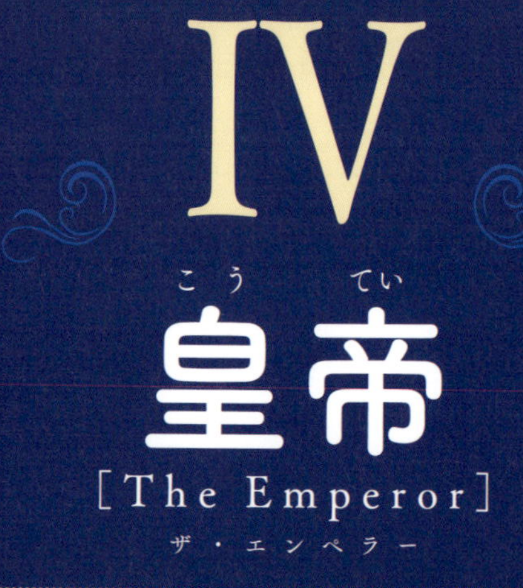

Key Words

責任感と指導力	リーダーシップ
勇敢	権力と威厳
支配	勇気と行動力
影響力	不屈の精神

みなぎるパワーで困難を乗り越える指導者

4番の皇帝は、右手に王笏（おうしゃく）を左手に宝珠（ほうじゅ）を持った人物が、どっしりとした玉座に座る姿が描かれているカードです。頭上の大きな王冠、たっぷりと蓄えられた髭から、その人物が威厳に満ちた男性、すなわち皇帝としてふさわしい人物であることがわかります。皇帝が手にする王笏はアンサタ十字を思わせます。アンサタ十字とはエジプト由来のアンク（輪つき十字）のことで、生命の象徴であり絶対的権威やそれに相当する役職を示します。皇帝は戦いの象徴である鎧の上に赤い衣服をまとっており、赤は燃える血潮、闘志、激情、勇気などを表す色ですから、彼にはみなぎるパワーが宿っていることが見て取れます。玉座に施された羊のレリーフは、彼が民衆の指導者である象徴。ただ、背後には岩山が描かれ、行く先には困難や試練が暗示されます。が、それをも乗り越えていくだけの勇気と指導力が彼にはあるでしょう。

チャンスや幸運を逃さない

- リーダーシップを発揮して皆を成功に導く
- 困難が立ちふさがっても挫（くじ）けずに向かっていく
- チャンスや幸運の到来を逃さずつかむ
- 壮大な計画や大胆な判断も好結果につながる
- 目標や欲しいものを自らの手でつかみ取る

積極的に自分の能力を発揮したい時

受け身でいるより、どんどん前に出て自分の能力を発揮したい時です。手がけた仕事や計画は、成功に向かっています。小さくまとまるより、思い切ってやってみることが、納得のいく未来につながるでしょう。二の足を踏んでいたら、せっかくのチャンスや幸運も見失ってしまいます。がっちりとこの手でつかんでやろう、という積極性と覚悟をもつことが大切です。何事にも前向きな姿勢で取り組むことで、あなたをもり立て、力になってくれる人物が現れる兆しです。

ただ、きれい事だけでうまくいくほど簡単ではないかもしれません。時には手段を選ばず、時にはなりふり構わず向かっていかねばならないでしょう。それだけの勇気が自分にあるか、またそうするだけの価値があることなのか、もう一度よく考えてみる必要がありそうです。

冷静な状況判断が必要に

- 中途半端な結末や不完全燃焼を引き起こす
- カッとなって衝突したり、相手を傷つけてしまう
- 周囲の迷惑も顧みず強引に自分の希望を押し通そうとする
- 骨折り損のくたびれ儲けや二度手間になってしまう恐れ
- 実力の伴わない挑戦で玉砕してしまう

まずはどんな方法が最適か熟考を

最初は勢いがあっても、想定外のアクシデントや対応能力のなさで中途半端に終わってしまう恐れがあります。自分自身でも力を出し切れずに不完全燃焼な気分に。何事も始める前から、しっかりと最後までやり遂げられるか、慎重に判断する必要があるでしょう。せっかく頑張ってスタートしても中断ややり直しになったりしないよう、くれぐれも注意したいところです。

周りに対する配慮が欠けているようです。目標を達成しよう、自分の理想や希望を実現しようと思うあまり、暴言を吐いたり強い態度で相手に強制しがちに。強引なやり方では相手を傷つけてしまうだけでなく、本来達成しようとしている計画や目標までも台なしにしかねません。北風と太陽の寓話を思い出し、どんな方法が目標達成に最適か、落ち着いて考える時間をもちましょう。

自らの力で奪い取る能動的な男性原理の象徴

皇帝は第４のアルカナとして、とても相応しいカードといえるでしょう。それは、数字の４が図形としては四角形（特に正方形）や十字で表され、力や不動、安定の象徴だからです。皇帝のカードには計画性や建設的意味合いがあり、目標達成や理想実現のためのモチベーションの高さを物語っています。強いリーダーシップを発揮し、民衆を支配するだけの権力を獲得できる器の持ち主であり、不動と安定の中に明確なビジョンを描いていける人物なのです。

そして４という数字はこの世界を構成する四大元素である「火・地・風・水」を示し、彼がそのすべてを併せ持ち、最も安定し、完成された王国に君臨していること、また、そうした世界を作り上げていくだけの能力を備えていることが示されています。ただ、これら四大元素をいかに有効に使って納得のいく王国を作っていけるか、逆に無駄にして台なしになってしまうのかは、難しいところ。そこは彼が自己の能力を的確にとらえ、過不足なく発揮できるか否かにかかっているのです。

また４は、「東西南北」「春夏秋冬」「上下左右」など地球上の生き物たちが、この地で生まれ育ち次世代へ命をつないでいくうえで必須となる、生活の秩序や環境を表す数値や単位に多く見られる数字であることも見逃せません。

第３のアルカナである「女帝」は女性性、女性原理を表すのに対し、この第４のアルカナ「皇帝」は男性性、男性原理を表します。女帝は豊穣の大地から自然に作物の実りをもたらす、という受動的な生産であるのに対し、皇帝は自らの力によって奪い取る、という能動的な獲得を意味するのです。さらに皇帝の子種を女帝が体内に宿すことによって、新たな命を産み出すことができる、という意味においては、この２つのカードには密接な関係がある、と考えられるでしょう。

項目別リーディングポイント

Positive

[恋 愛]

積極的な姿勢が功を奏する兆し。押しの一手も有効といえそう。情熱が愛を勝ち取る強力な武器に。愛を信じることで障害も乗り越えていけそう。情熱的に盛り上がるものの、持続性には欠ける可能性もあり。年上の相手。頼りがいのある人。絆の強さ。

[仕 事]

成績や業績が右肩上がりで躍進できる時。守りより攻めを強化して正解。スキルアップに成功する兆しがある。明確な目標をもって行動するのはもちろん、周りからのすすめを参考にするとよさそう。権力者、実力のある上司に恵まれる兆し。管理職や CEO への道も。

[お 金]

高め安定を保てる兆し。徹底的なリサーチのうえでの投資に、成功の道筋が見えてきそう。高価でも質の高いものを選ぶことによって、経済面に勝利がもたらされる模様。押しの強さで利益が得られそう。一瞬のタイミングを見極めることによってもたらされる大きな利益。

[人 間 関 係]

互いにリスペクトし合える関係。相手のよさを吸収してステップアップできそう。特に相手の有利な人脈を共有できる兆し。積極的に紹介してもらいたいところ。頼りになるリーダーの出現により、みんながまとまってよい雰囲気が生まれそう。高い意識をもつソサエティー。

Reverse

[恋 愛]

理不尽なわがままや横暴な態度への警告。自分が気をつけるのはもちろん、相手のそうした態度も見過ごせない。話し合いをもつなど、関係改善の努力が必要に。退屈で息が詰まりそうな関係。受け身で消極的な態度。やせ我慢からの後悔。嫉妬深さや支配的な態度。

[仕 事]

実力以上の仕事や役職を押しつけられそう。ひとりで悩まず、誰かに相談するなど、何らかの打開策を講じる必要あり。無気力になったり、意欲的になれなくて、成績や業績が下がりそう。オーバーワークによる過労。横暴な上司、理不尽な要求をしてくる上司。

[お 金]

せっかくのチャンスを逃して、利益を生み出せなくなる可能性が。押すと引くのタイミングの見極めが難しい時。無責任な態度で多大な損害を出してしまう恐れが。常に計算と慎重な判断が大切に。投資や支出など、大きなお金を動かすのは待ったほうがよさそう。

[人 間 関 係]

堅苦しくなりすぎてぎくしゃくした雰囲気に。対等でなく、常に上下関係を意識した付き合いになりがち。互いに自己主張が激しくて物別れに終わってしまいそう。一緒にいても楽しめず疲れてしまう関係。交流の輪が狭く、常に同じ仲間と行動する反面、煮詰まった関係に。

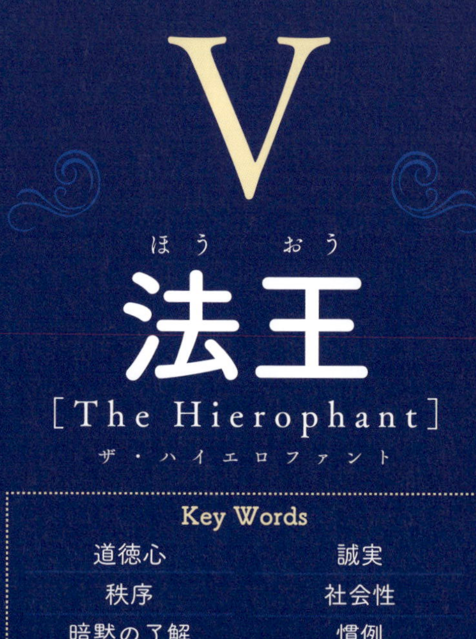

V 法王（ほうおう）
［The Hierophant］
ザ・ハイエロファント

Key Words

道徳心	誠実
秩序	社会性
暗黙の了解	慣例
ルールやモラル	強い組織力

道徳と秩序を重んじる父性の象徴的存在

５番の法王は、豪華絢爛な三重冠を頭上に、赤い法衣を身にまとった人物が描かれているカードです。三重冠は天国と地獄、そして地上という３つの世界を支配していること示します。法王の身につけている法衣の赤い色は、カーディナル・レッドと呼ばれ、十字架にはりつけにされたイエス・キリストの流した血を表し、殉教や受難を象徴する色。また、左手には教皇十字と呼ばれるローマ教皇が祭事に用いる十字架を持っていますが、その右手にも注目しましょう。さし上げた右手は、人さし指と中指を揃えて立てています。これは聖職者が魔除けや除霊の際に用いるサインです。法王の前には２人の僧侶が描かれていますから、彼らに祝福を与えているのでしょう。法王は人々を正しい道へと導く道徳と秩序を重んじる存在です。が、単に厳格なだけではなく、寛大さや慈悲の精神を併せ持つ父性の象徴でもあるのです。

誠実で礼儀正しい姿勢が鍵に

- ◉誠実な対応で窮地を乗り越える
- ◉ゆっくりと時間をかけてつくり上げていく信頼関係
- ◉間違いに気づかされて、正しく方向転換できる
- ◉親しい相手にこそ礼儀を重んじるべき時
- ◉十分信頼に足る有益なアドバイスを得られる

時間をかけて信頼や実績を築き上げる必要性

大きな課題や懸案事項が持ち上がっても、誠実で丁寧な対応を心がけることで乗り切れる予感です。あわてて不用意な言動に走らないよう気をつけたいところ。焦ってもうまくいくわけではありません。信頼や実績を築き上げるには時間がかかることを理解して。また、的確な判断や進むべき道はちゃんと示されるでしょう。間違いも早期発見で修正される兆しです。信頼のおける人物からのバックアップやアドバイスによって、成功への道筋ができていきそうです。親身になって相談に乗ってくれたり、力になってくれる目上の人物が現れる兆し。ただ、どんな相手に対しても、依存しすぎたり、なれなれしい態度に出るのは禁物。親しい相手、頼りになる人だからこそ節度ある態度で接することの大切さを示しています。また、しきたりや慣例を大切にする必要がありそう。

周りとの調和を考えた振る舞いを

- ◉社交辞令を真に受けての失敗
- ◉融通の利かない態度で周りを混乱させる
- ◉ルール違反、マナー違反から信頼を失う
- ◉価値観の違いから起こる行き違い
- ◉気位ばかり高くて、周りと打ち解けない

他者と慎重に向き合い、理解を深める努力が大切

それは相手の本心からの言葉でしょうか。社交辞令やその場しのぎの発言かもしれません。すぐ真に受けて失敗しないよう、相手の言葉の真意を慎重に見極めたいところです。ちょっとくらいなら……、という気の緩みから信頼を失いそう。小さな油断が大きな後悔の原因になりやすいので、くれぐれも気をつけて。ただ、あまりにも融通の利かない姿勢では、逆に周りに迷惑をかけたり、物事の進行を阻害する原因に。しっかりと守るべき事柄、多少は融通を利かせる必要がある事柄、どちらか一方に偏るのではなく、上手なさじ加減での的確な対応がポイントです。そんなはずではなかった、と思うような行き違いが。双方がイメージしていることに齟齬(そご)がないか、一度確認する必要があります。知らず知らずに上から目線の態度をとっている恐れが。謙虚さと周りへの理解を。

善行を積み正しくあるよう導く存在

法王は「女教皇」と同様、テキストによっては「教皇」「司祭」「司祭長」と紹介されています。Hierophant、ハイエロファントとは、秘儀の司祭や、古代ギリシャにおける礼拝や供儀の監督者など宗教の役職を示すからです。法王は人間の良心であり、道徳やモラルの象徴です。人が善行を積み、理性をもって清く正しくあるよう導いてくれる存在、といえるでしょう。

法王というと、真っ先にバチカンのローマ法王を思い浮かべる人も少なくないでしょう。が、ここでいう「法王」とはローマ法王を限定して指しているわけではありません。「Pope」がローマ法王その人を示し、Hierophantとなると、広い意味で宗教を執り行う聖職者を表しているからです。ただ伝統的デッキのひとつであるジーン・ノブレ版には「Le・Pape」（Popeに相当するフランス語。ルパップ）の表記が見られますから、やはり法王＝ローマ法王という認識も強いといえるかもしれません。いずれにしても、宗教を執り行う最高位の人物が、この第5のアルカナなのです。ちなみに日本ではローマ法王という言い方が一般的のように思われますが、最近ではローマ教皇という呼び方に統一していきたい、という動きがあるようです。それは教え諭す人物、という意味で「教皇」の方が相応しいとの考えからきています。が、現在は「法王」と「教皇」の両方が混在しており、基本的にはどちらも同じ意味、と捉えていいでしょう。

なお伝統的デッキのひとつである、キャリー・イェール・パックでは第5のアルカナは「法王」ではなくFaith（フェイス、信仰）と呼ばれており、十字の王笏を持った女性が描かれています。信仰によって清く正しい道に人々を導く、という意味においては同じような解釈ができますから、全く違う札というわけではありません。

項目別リーディングポイント

Positive

[恋愛]

尊敬が愛情に変わる恋愛の形。互いに尊敬し合える関係。家族や友人公認の祝福されたお付き合いができそう。お見合い、場合によっては合コンなど、紹介者を介していい出会いに恵まれそう。年上の異性との相性が上昇してきている兆し。礼儀正しい態度が大切。

[仕事]

信頼関係が深まり、ステップアップや事業拡大のチャンスに恵まれそう。社会貢献度の高い仕事での成功。社会的信頼の高い職種。年上の真面目で誠実な人物がキーパーソンになりそう。採用試験、資格試験での朗報がもたらされる予感。理解ある上司に恵まれる。

[お金]

堅実な投資、支出計画が功を奏する。頼りになるスポンサーが現れ、経済状況が安定してくる。歴史のある企業、老舗の大店を信頼することにより生まれる利益。利益優先より、信頼や企業理念、歴史を重視することで逆に増益する。目先の利益より大切にすべきことを忘れないで。

[人間関係]

尊敬できる師と思える人物との出会いがある。上下関係を重んじることによって生まれる信頼関係。頼りになる人物に見守られて、安心感を得られる。切れ者の上司や先輩との良好な関係。目上の人物、年上の相手との関係が良好なことを示し、バックアップも期待できそう。

Reverse

[恋愛]

パートナーがいる相手を好きになってしまいそう。周りから反対される恋愛。障害がつきまとう。いずれにしても後ろめたさのある間違った恋愛に陥る可能性あり。その恋は本当に進めていいのか、今一度よく考えたいもの。執着しすぎ、干渉しすぎへの警告。

[仕事]

使えない上司に振り回される。派閥争いに巻き込まれそう。先輩に出し抜かれる。しっかりと周りの状況を見て動かないと、窮地に追い込まれるかも。特に抜け目のないタイプには要注意。契約書の不備に注意。私情を挟んで失敗することへの警告。

[お金]

素人判断による損失。親切心が裏目に出てしまう。投資や財テク、資金運用は、思い通りにはならなそう。そのため市場がどのような状況にあろうと、楽観視するのは危険。常にリスクを考え、最小限の損失に抑えられるような計画を立てるのが無難。

[人間関係]

口うるさい目上の人物に目をつけられそう。怠慢や弱気は鋭く見抜かれる。けじめのある常識的な言動が求められる時。リーダー不在から起こる混乱やトラブル。派閥争いに巻き込まれる恐れが。また、自ら派閥をつくることへの警告。どんな小さな人間関係の変化も見逃さないで。

恋人（こいびと）

［The Lovers］
ザ・ラヴァーズ

Key Words

愛情	無垢
相思相愛	性的な関係
選択、選択の時	誘惑
純粋な愛	趣味や娯楽

知恵の実を食べる前のアダムとイヴ

6番の恋人は、裸の男女と、そのふたりを見守るかのように天空で両手を広げた天使が描かれているカードです。男性の背後には12個の果実をつけた生命の木が、女性の背後には幹に蛇の巻きついた善悪を知る知恵の木が描かれており、このふたりがアダムとイヴであることがわかります。アダムとイヴは悪魔の使いである蛇にそそのかされて知恵の実を食べてしまったため、神の怒りに触れて楽園を追い出されてしまいます。が、ここに描かれているふたりは、まだ知恵の実を食べる以前の羞恥心を知らない無垢な存在です。彼らを見守っているのは大天使ラファエルであるといわれていますが、後方には人生の苦難や障害を表す山が描かれており、その行く手が決して平坦ではないことが暗示されています。無垢のまま楽園に留まることと、知恵を授かり楽園を去ること、果たしてどちらが幸せなのでしょうか。

価値が近く自然と惹かれ合う関係

- 隠し事のないオープンな関係
- 魅力がアップして、好感をもたれやすくなる
- 自然と惹かれ合い、愛情を育める関係
- 価値観や好みが似ていて、親しみを感じる
- 大切にすべき無垢で純粋な愛情

大切な選択をすべき時期の到来

特別なことをしなくても、日々の暮らしを大切にすることによってあなたの魅力、好感度共に上昇してくる兆しです。何も急いだり小細工したりする必要はありません。時が来れば、自然と接近していけるでしょう。感性やひらめき、自分の感覚を大切にすることによって、いい方向に向かいます。ふとしたことで共通点が見つかったり、理解が深まって親密さが増しそうです。こそこそしたり隠し事をするより、オープンな雰囲気を大切にすることで、理解を得、協力者が現れる兆しです。今は大したことではない、ごく普通のことと思えても、それはかけがえのない大切に育みたい愛だと、後になって知るようになります。

大切な選択をすべき時期が来ているのかもしれません。後々、その重要さに気がつきそうです。今、しっかりと考え、後悔のない選択を。

後悔を生まない人間関係を心がけて

- マンネリが続いて倦怠期が訪れる可能性
- 気持ちが散漫になって相手を大切にできない
- 選択を間違って失敗や後悔を生む
- 横恋慕、ライバルや邪魔者の出現による愛情関係の危機
- 意見の相違などから相性がダウンする

すぐ近くのささやかな幸せに目を向けたい時

穏やかで楽しい状況も、それが毎日続けば日常となり、ありがたさも薄れてしまうもの。マイナスにばかり考えず、今近くにあるささやかな幸せや幸運に目を向けましょう。どんな状況でも完璧に不安を拭い去ることはできません。あなた自身の中に迷いや自信のなさがあるなら、なおさらのこと。思い込みが強くなったり、偏った見方をしないよう、落ち着いて客観的に見ていこうとする気持ちが大切です。互いの考え方や意見が違ったとしても、それは当然のこと。何もかもが一致するなんて、逆にありえないでしょう。違うからぶつかるのではなく、違うからこそ互いに理解し合うために話し合おう、という姿勢を心がけて。

意地悪な相手やずる賢いタイプに目をつけられて、気持ちをかき乱されるかも。でも敵意をむき出しにするより、柔らかい対応が賢明です。

恋愛のみならず、幅広い事柄を暗示

この第6のアルカナの札名は「恋人」。もちろん恋愛関係や愛情関係において、大切なことを意味するカードです。どんなスプレッドのどの位置かにもよりますが、恋愛関係のことを知りたい時にこのカードが正位置で現れたら、おおかたの場合、いい暗示を受け取ることができるでしょう。

ただこのカードは、単に恋愛や愛情関係に関することだけを暗示するのではありません。人間関係や趣味、娯楽など幅広く様々なことを告げてくれるカードでもあります。中でも、「選択する」「選択の時」という意味合いがあることに注目しましょう。ウエイト版では裸の男女（アダムとイヴ）と天使が描かれていますが、伝統的なタロットデッキであるマルセイユ版やジーン・ノブレ版などでは、３人の人物とそこに向かって矢を放とうとしているキューピッドが描かれています。また、それ以上の複数の人物、複数のキューピッドが描かれているカードもあり、キューピッドの矢が命中するのは誰か、誰が誰と結びつくのか（誰が誰を選ぶのか）という命題が暗示されている絵柄も少なくありません。むしろ、そういったシチュエーションの絵柄の方が多いようです。つまり、選択すること、選択の時が来ていることを示すカード、というわけです。このように第6のアルカナは、ただ恋愛面だけでなく、様々な事柄に対するメッセージが示されるカードですから、しっかりとその意味するところを読み取ろうと心がけるのが肝要です。

なお6は、整数で最初に現れる完全数（自分の約数の和が自分自身の数字になる。6の場合は１＋２＋３＝6）です。それは神が天地創造に費やした6日間（6日間で天地創造を成し、７日目に休息をとったため７日間で１週間という単位ができたわけですが）にも通じ、多様な暗示が読み取れることも納得できるところです。

項目別リーディングポイント

Positive

Reverse

[恋 愛]

ときめく恋やひと目惚れの予感。すぐに意気投合して、仲よくなれそう。相性がぴったりの相手との出会いが期待できる予感。相手はアプローチ上手のよう。また、あなた自身も上手にアプローチできる兆し。周りがうらやむような魅力的なカップル。ラブチャンスの到来。

[仕 事]

長い付き合いのできる信頼すべき相手や、将来性のある仕事に恵まれる。自分の得意分野が増える。また、得意分野で活躍する。共同作業やチーム枠が大切な仕事でチャンスをつかむ。頼りになるサポーターやよいブレーンに恵まれる。転職や方向転換にも嬉しい可能性が。

[お 金]

自分の趣味やセンスが収入につながる予感。もう一段ステップアップを目指すのもよさそう。思いのほかうまくいって、予算内に収まる予感。変化を敏感に読み取ることによって、今まで以上にうまくいきそう。投資関係では、よい選択、よい判断ができる兆し。

[人 間 関 係]

身近な知り合いや、長い付き合いの友人のありがたみを実感する出来事が。よい友達、よいメンバーに恵まれる。気を使いすぎず自然体で接することで、より親密になれる。良好な人間関係。環境が変わっても変わらない付き合いができる。周りとの信頼関係や絆が強まる兆しが。

[恋 愛]

目移りして浮気心が芽生える気配。心変わり。相手を信じ切れず不信感が浮かび上がりそう。相手のささいな言動が気になって、ぎくしゃくしがち。勢いで突っ走っての失敗。ライバルや邪魔者の出現。噂に振り回されたり疑心暗鬼にならないように。まずはコミュニケーションを。

[仕 事]

連絡ミスからの失敗。自分に不向きな分野や仕事で苦しめられる。同僚やチームメート、ブレーンに恵まれず苦労する。転職や方向転換は選択ミスに終わりそう。ここは冷静になって時期を改めるのが無難。人の失敗の連帯責任を負わされそう。でも黙って一緒に頑張る姿勢が◎。

[お 金]

共同出資や共同経営の話には慎重に。しっかり見極めないと、後悔することになりそう。最初はよくても、それは長続きしない気配。費用対効果を綿密に計算しないで判断するのは、時期尚早。誘惑に負けての出費は、大きな後悔の原因に。後先を考えた支出計画を。

[人 間 関 係]

気が変わりやすく、味方だと思っていた相手に裏切られる気配。相手の言動に気をつけて。より自分にとって有利な方に簡単に流れていってしまう。価値観や感覚にズレがあって、行き違いが生じる。どうしても信じ切れずに疑心暗鬼になってしまう。非協力的な相手。

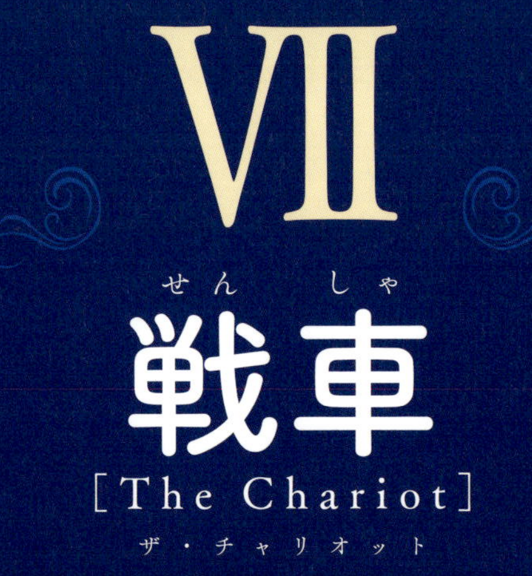

Key Words

勝利	服従
闘争心	瞬発力、勢い
征服	コントロール
克服	使命

バランスをとることの難しさを暗示

７番の戦車は、王冠と鎧を身につけ、王杖を持った人物が堅牢な石造りの乗り物を御する姿が描かれているカードです。鎧姿で真っすぐに前を見据える若者は、今まさに戦いへの出陣といった様子で、この乗り物が戦車を表しています。戦車を引くのは、２頭のエジプトの聖獣スフィンクス。スフィンクスは、敵を打破する力や王を守護するシンボルですから、戦車を引くのにふさわしい聖獣といえるでしょう。２頭のうち、白いスフィンクスが神の慈悲を、黒いスフィンクスが神の試練を表しており、第２のアルカナである女教皇の白と黒の２本の柱にも通じるところがあります。また、白と黒の対照が光と闇、昼と夜など正反対のものの象徴であり、それが対になって戦車を引っ張っていくのですから、バランスをとることの難しさをも表しているでしょう。戦車を御すには強い精神力が必要なのです。

勢いとスピード感が成功へと導く

- ◉困難な課題や目標を達成するだけの勢いがある
- ◉スピード感をもって対応することで成功に近づく
- ◉障害や困難さが逆にモチベーションをアップする
- ◉自分を信じて前進する
- ◉事態が突然好転する

難しそうな事柄にこそ闘志をもって取り組んで

難しそう、大変そう、と思えることも始めてみれば意外にクリアしていけそうです。それだけの実力と勢いがあるでしょう。二の足を踏んでモタモタするのは禁物。立ち止まらずに、スピード感をもって取り組みたい時。また、難しいからこそ、大変だからこそ、闘志も湧いてくる。逆にそれがモチベーションとなって、力を発揮できるのです。ここでの頑張りが課題や目標をクリアして、自信と経験を積むチャンスにつながります。

自分の考え、自分の実力を信じて前進したいところです。周りの評価を気にして萎縮するのはもったいないこと。事態は突然好転する兆しがありますから、まずは行動してみましょう。ただ行動を起こしながらも、考えたり作戦を練ったり準備をしたり、という陰ながらの努力も必要に。陰の努力と行動力の両輪が揃ってこその成功なのです。

やみくもな行動で失敗や空回りも

- ◉いたずらにライバル心が強くなって好戦的になる
- ◉少しうまくいかないと、すぐにやる気が萎える
- ◉二の足を踏んでしまったことへの後悔
- ◉やみくもに行動して、空回りする
- ◉場当たり的な行動からの失敗

目先の勝ち負けよりも、将来の勝利を目指して

ついムキになったり張り合ったりして、結局はうまくいかなかったり気まずくなったり。人より勝りたい、先を越したい、という気持ちが強くなって、好戦的になりがちです。仮にここで勝てたとしても、先々のことを考えると、それがプラスになるとは限りません。勝ち負けより、その先にある成功を見越した行動を。

ちょっとしたことでやる気をなくしたり、二の足を踏んだりしては、果たせるはずの課題や目標も頓挫することに。その場の気分や状況で判断するのではなく、もっと遠いところに視点を移して考えましょう。場合によっては、身近な信頼できる相手や経験者にアドバイスを求めるのが有益です。人の意見を受け入れる心のゆとりこそが、状況をよくしていく鍵になるのです。今一度、課題や目標を見定めて、行動に移しましょう。

エネルギーのコントロールが成功の鍵

この第7のアルカナの札名は「戦車」ですが、乗り物である戦車そのものというより、それを御す人物や、その人物の精神性が大きな意味をもつカードといえます。男性も女性も、人間が生きるための本能的な力強さが、戦車というわかりやすい形となって表されており、それを御す乗り手である人物が、どのような課題や目標をもち、どちらの方向に進もうとしているのか、がポイントになるということです。つまり、しっかりとした目標や課題をもち、それに向かって自己の能力を最大限に発揮しようと思えば、きっと願いは叶えられる、ということを示していますが、反面、逆にそれを見失ってしまうと、衝動的で破壊的な方向に暴走してしまう可能性も忘れてはならないのです。いかに自己の目標を見据え、エネルギーをコントロールしていくか。人生において成功の鍵を握るポイントが示されるカード、と考えられるでしょう。

なお、この戦車の乗り手である若者は、第3のアルカナ「女帝」と第4のアルカナ「皇帝」の間に生まれた子どもであり、高い理想に向かって邁進すべき存在と考えられています。そのため、3と4の和である7に、このアルカナが相当するのです。

また、ライダー・ウエイト版やマルセイユ版では、戦車の乗り手は明らかに男性とおぼしき若者が描かれていますが、対して伝統的タロットデッキであるキャリー・イェール・パックやベルガモ・パックなどでは、女性が乗り手として描かれているのが興味深いところです。戦車、戦闘、というと男性的側面が際立ちますが、女性が戦車を御する姿を描くことで、この札の男性性が和らぐと解釈できるようです。いずれにしても男女を問わず、人間として世の荒波に打ち勝つには、堅牢な戦車を上手に御していく強い精神が必要でしょう。

項目別リーディングポイント

Positive

[恋愛]

積極的なアプローチで意中の相手との相性がアップしそう。自分からチャンスをつくって、どんどん接近していきたい時。ライバルや邪魔者を蹴散らして、意中の相手と急接近できる兆し。障害を克服して結ばれる可能性。予定外の行動がもたらす出会い。速攻アタックの成功。

[仕事]

フットワークの軽さでチャンスに恵まれる予感。ステップアップの糸口がつかめそう。積極的に動くことによって可能性が広がる兆し。海外出張や海外への赴任の可能性。部下や後輩への配慮で株が上がりそう。計画の進行が加速する。素早い判断が功を奏する。

[お金]

具体的な目標を立てての貯蓄が功を奏する。外貨預金や海外投資による成功。素早い判断で利益を生んだり、リスクを回避できる可能性。潤沢な資金があってこその成功。自分への投資が大きな成果となって返ってくる予感。ピンチからの逆転や、マイナスからの挽回。

[人間関係]

互いに尊重し合えるフィフティフィフティの関係。ツーカーの仲になれるベストパートナー。役割分担がうまくいって、ますますいい関係が築ける。信頼関係が強まって、親密さが増す。自然と理解し合える無理のない関係性。共通の目標が、絆を深めてくれそう。

Reverse

[恋愛]

すれ違いばかりでうまくいかない。ライバルに先を越される。弱気になってチャンスを逃すか、逆に突っ走って後悔するか、行動が極端になりがちに。思うように進展しないことにイライラして、突拍子もない行動に走ってしまうことへの警告。相手が逃げ腰になる可能性。

[仕事]

見切り発車をして失敗しそう。結果を急ぐとろくなことにならない気配。思惑が外れてがっかりさせられそう。努力が水の泡になるアクシデント発生の予感。ライバルやライバル会社に競り負ける恐れが。焦りが募る状況になりがちで、失敗を招く可能性大。

[お金]

確認不足や不注意からの損失。投資の失敗や保証人になっての大損害の可能性。自分だけは大丈夫、という過信が原因での損失。お金が原因でのトラブル発生の気配。一か八かの賭けは、分が悪い暗示。いずれにしても、慎重で堅実な姿勢が必要に。

[人間関係]

気が合わない相手とのストレスを感じる付き合い。自己中心的な態度に振り回される。いいように利用される関係。ついつい張り合ったり、上下関係にこだわりがち。チームワークがとれずに失敗やトラブルが発生する兆し。どうしても理解してもらえずに、敗北感を味わう可能性。

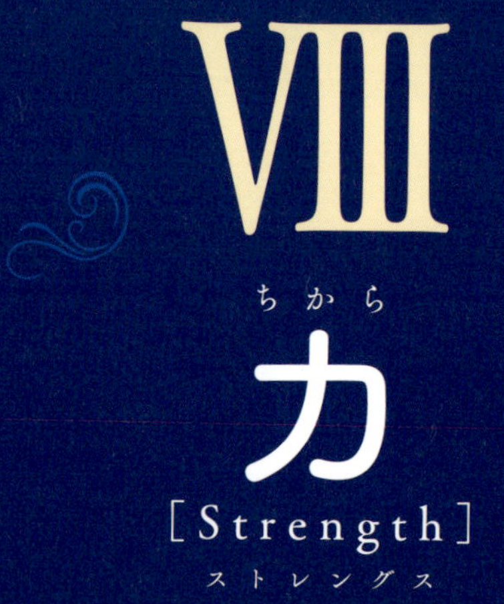

Key Words

ピュアな心	信念
忍耐力や根気	熟練
強い精神力	誠実
克己	味方を増やす

しなやかでピュアな精神に宿る真の力強さ

８番の力は、柔和な女性がライオンを懐柔している様子が描かれたカードです。女性の頭上には１番の魔術師のカードと同様、レムニスケート（インフィニティー）が描かれ、彼女が無限のエネルギーを備えた人物であることがわかります。だからこそ百獣の王であるライオンを、いともたやすく懐柔できるのでしょう。「力」といえば筋肉隆々の屈強な男性や、絶大な権力を誇る王様などがイメージされやすいところですが、柔和な女性が描かれている点から、単なる腕力によって猛獣を屈服させるのとは違う意味合いが見て取れます。彼女が身につけているドレスの色にも注目しましょう。白は汚れのなさや無垢なる象徴です。無心でピュアだからこそ、ライオンは顔に手を添えられても、おとなしくしているのかもしれません。何の邪心も下心もない、純粋無垢な精神こそが、本当に強い力を擁しているのです。

根気や忍耐強さが導く吉兆

- ◉ひたむきな努力が報われる兆し
- ◉相手に合わせることで結果的には思惑通りに動かす
- ◉根気よく見守り、育てていくことで得られる成果
- ◉忍耐強い対応で、無事解決までこぎつける
- ◉邪念のない無心さで味方や協力者を増やす

諦めない気持ちの大切さを忘れないで

今頑張っていること、努力していることには嬉しい結果が待っているでしょう。どんなに辛くても、やめたくなっても、ここで諦めるのはもったいないこと。もう少し粘ってみる価値はありそうです。ごり押ししたり我を通そうとしても、結局はうまくいかないもの。相手に寄り添い、こちらも折れることによって、最後には思い通りの展開に持っていける兆し。負けるが勝ち、という言葉を思い出しましょう。

何事も好結果を得ようと思ったら、根気や忍耐力が必要です。人一倍の持続力があってこそ、最後に笑うことができるのです。諦めない気持ちの大切さを心しましょう。純粋な気持ちでひたむきに努力すれば、誰だって応援したくなるものです。まずは邪心や下心を捨てて、無心での取り組みを。また、何事も完遂までには大いに手間も時間もかかる、ということを忘れないことが肝要です。

努力不足で後悔しないように

- ◉すぐに諦めてしまって、投げやりになりがち
- ◉持続性が欠如し、行動にムラがある
- ◉努力不足によって、せっかくのチャンスを逃してしまう
- ◉自分に自信がもてず、ここ一番という場面で踏ん張れない
- ◉互いの欠点が許せず、相手のあらばかり見えてしまう

今一度、自分の立ち位置の確認を

ちょっとうまくいかないと、すぐにモチベーションがダウンしそうです。それだけならともかく、投げやりな気分になって、今まで頑張ってきたことまで台なしにしがち。その言動は、後に悔やむことがないか、よく考える必要があるでしょう。急に途中でストップしたり、やたら頑張ったり、手を抜いたり。その一貫性のない行動が致命傷になりそう。自分はどの位置にいて、何をどうしたいのか、もう一度よく考える必要があるでしょう。

努力不足は、あの時もっと頑張ればよかった、という後悔の原因になります。全力投球を。特に自分に自信がもてずに引いてしまうと、後悔してもし切れない結果に。最後は自分を信じ切ることが大切です。と、同時に人を許し、多少の欠点はこちらがフォローしよう、という姿勢が好結果や成功につながるもの。結末を考えた判断を。

タロットデッキによって異なるカードの配列に注意

タロットカードの大アルカナの配列を見てみると、マルセイユ版など伝統的なタロットデッキにおいて、この８番のアルカナのテーマは「正義」です。そして「力」のカードは11番です。本書で紹介しているライダー・ウエイト版では「力」が８番、「正義」は11番ですから、ちょうど第８のアルカナと第11のアルカナが入れ替わっている形になります。これは、ウエイト博士がユダヤ神秘思想のカバラの教義に則って配列の変換を行ったため、といわれています。その後、ウエイト版が広く普及したために８番が「力」、11番が「正義」という配列が定着し、現在はこちらが標準の形とされているのです。ですから、タロットデッキによって配列が異なる場合があるので、戸惑うことも少なくないでしょう。けれども、それぞれの配列に、それぞれの時代背景や考え方が反映されており、どれが間違いでどれが正しい、ということではありません。ただ、ご自身がお持ちのタロットデッキの配列はどのようになっているか、を確認する必要があるでしょう。そして、各々のカードのテーマをしっかりと把握し、カードの告げるメッセージを、間違うことなく受け取ってほしいと思います。

また、伝統的なタロットデッキであるベルガモ・パックでは「力」のカードに、鎧を身につけた男性がライオンに向かってこん棒を振り上げている姿が描かれています。こうなると「力」のカードに対する解釈も変わってくるわけですが、タロットデッキには、それぞれ（簡単なものか詳しいものかの差はあるにせよ）何かしら解説書のようなものがついている場合がほとんどですから、リーディングの際には、そちらを大いに参考にすべきでしょう。そういう意味では、タロットデッキを最初に選ぶ際は、絵柄の好みだけでなく、こうした内容の違いも、気をつけて確認したいところです。

項目別リーディングポイント

Positive

［恋愛］

自分自身を大きく成長させてくれる恋の予感。大恋愛、強い絆。障害や周囲の反対を乗り越えて成就できる恋愛。ふたりでいることで強くなれる関係。長い時間をかけてゆっくりと実らせる。長続きする恋愛。焦ったり、結果を急いだりしないで。大切なことは時間がかかるもの。

［仕事］

たとえ困難な状況下にあっても、それを乗り越えていくだけの底力があることを示している。毅然とした態度で自分のやるべき仕事に取り組むべき時。長期計画が功を奏する兆し。根気や持続力を必要とする仕事。また、そうした分野での成功。初志貫徹の精神。

［お金］

積立預金や定期預金、長期投資での成功。こつこつためていくことでうまくいく。予想外の有利な利息。上手にやりくりすることで、それ以上の幸運に恵まれる。堅実で計画的な支出がもたらす幸運。損して得取れの精神が、結果的にはうまくいきそう。

［人間関係］

信頼関係が強まる。温かく見守ってくれる人物が現れる。相手を信頼することによって深まる交流。いい仲間に恵まれる。長い付き合いになりそうな相手との出会いの予感。大切な場面でタイミングよく助け舟を出してくれる相手に恵まれる。信じることで信頼感を得る。

Reverse

［恋愛］

相手はおろか、自分の心も信じられなくなってしまいそう。すれ違いから気持ちが離れてしまう。素直になれず失敗する。誰か他の人のいるところで振られる。勇気が出なくてアプローチのチャンスを逃してしまう。短気や強引さが招く失敗。いずれにしろ、焦りは禁物。

［仕事］

仕事で恥をかかされたり、自信を失うような出来事の予感。時期尚早で失敗する。肝心な時に実力を発揮できず、ステップアップのチャンスを逃してしまう。根を詰めすぎて疲労困憊する。周りとの足並みが揃わなくて、孤立してしまう可能性。冷静な状況判断が大切。

［お金］

へそくりや財産に手をつけてしまう。計算外の出費。見積もりを大幅にオーバーしてしまう。判断を急がされての損失。状況の急変についていけなくなっての失敗や損失。気が大きくなって散財する。その投資や出費は本当に大丈夫か、再考の必要がありそう。

［人間関係］

周りの目が気になって萎縮してしまう。自分に自信がもてず、卑屈な態度をとりがち。露骨に不満を表して関係が悪化する。強引な態度で周りの反感を買う。互いに相手への不満を募らせ、けんかになる。一歩も引かないことで関係をこじらせる。心のゆとりと思いやりを。

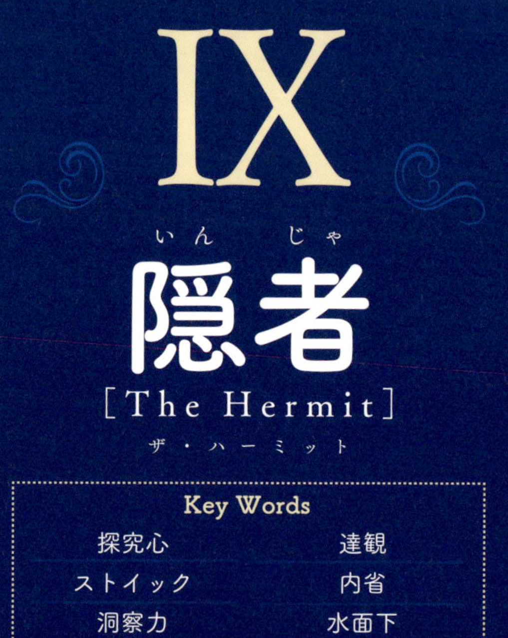

IX 隠者（いんじゃ）

［The Hermit］
ザ・ハーミット

Key Words

探究心	達観
ストイック	内省
洞察力	水面下
悟り	英知

ストイックに思索を巡らす賢者の導き

９番の隠者は、マントを身につけ白い髭を蓄えた人物が、左手に長い杖を右手に明かりを持つ姿が描かれているカードです。「隠者」とは俗世間から離れたところで人知れずひっそりと隠れるように生活する人のこと。山深い森の中などで外界との交流を一切絶ち、まさに地理的にも精神面でも下界から隔絶された環境で、深く思索を巡らし、ストイックに暮らしているのです。隠者という言葉はあまり聞き慣れないかもしれませんが、数々の知識や技術を習得せんがため厳しく己を律する姿勢は、修行僧や仙人のイメージに近いかもしれません。長く伸びた白い髭は時間の経過を表し、この人物が老人であることがわかります。全体的に落ち着いたトーンの中にあって、英知や希望を表す明かりと指導力を示す杖が、万物の根源であり生命力の象徴の黄色で描かれており、この人物が優秀な導き手であることが示されています。

じっくり自らを省みるべき時期

- ◉行動の前に思慮深く考えを巡らすことの大切さ
- ◉じっくりと納得のいくまで繰り返し努力する
- ◉静かで穏やかな方法を選択する
- ◉人の気がつかないような細かい点まで行き届く
- ◉自分のやり方や考え方について内省すべき時期

自らが進むべき道を改めて深く考えよ

他人にはなかなか理解してもらえないとしても、大切にすべき思いがあるでしょう。世間体や流行に振り回されず、じっくりと納得のいくまで頑張ってみたい時。動き出す前に、しっかりと考え、自分なりの方針や方向性を決めておきたいもの。派手な宣言や目立った行動をする必要はありません。むしろ穏やかに淡々と事を進めるべきです。

自分なりの視点を大切にしましょう。人が気づかない細かい点が見えてきたり、人とは違った見方ができて、それが次のステップに進む手がかりになる兆し。変化を求めたり、誰かにアドバイスしてもらう必要はなさそうです。何を目標にすべきか、これからどの方向に進むべきか、そしてそのためにすべきことは何か、そのすべての答えは内省によって得られるでしょう。深く自分の気持ちと向き合うこと。そうすれば、自然と最良の道が見えてくるのです。

考えすぎや深読みのしすぎに注意を

- ◉深読みによって誤解や失敗を招く
- ◉自分の殻に閉じこもってしまう
- ◉未熟さや経験不足が引き起こす誤解やトラブル
- ◉ひねくれた見方をして、素直になれない
- ◉やたら細かいことにこだわって、先に進めない

冷静に時間をかけての熟考を

どうも視野が狭くなっているようです。ひとつの出来事、ひとつの考えにとらわれて、そのことばかり深く考えてしまいがち。それが深読みのしすぎや、誤解してしまう原因に。こうなると、考え方が卑屈になったり、素直になれなかったりして、自分の殻に閉じこもってしまいがちなのです。本当に自分が感じている、そのことに間違いはないのでしょうか。勝手に思い込んでいるだけだったり、偏った見方をしたりしてはいないでしょうか。もう少し冷静になって、もう少し時間をかけて、物事を考え直す必要がある、カードはそう告げています。

もし何か重要な決断を迫られているなら、俯瞰した視点からの熟考が大切です。ただ、細かいことにばかりこだわって先に進めないようでは、これはこれで困ります。熟考と、どうでもいいことを気にして引っかかったりしてはいないか、検証を。

隔絶された世界に佇む孤高の指導者

ライダー・ウエイト版の隠者は明かりを右手に持っています。しかもその明かりのもとは六芒星であり、神の力を帯びた英知や希望を表しています。また、火を燃やすこと自体が、燃料となる地の要素(木や枯れ葉など)、火が燃える勢いを助ける風の要素(酸素)、燃える火そのものである火の要素、燃えることによって生み出される水の要素(水蒸気)と、四大元素すべてが出揃いますから、この四大元素を操ることの象徴でもあるのです。ライダー・ウエイト版をはじめとして、明かりを持った隠者の姿はとてもポピュラーですから、こちらを見慣れている人も多いでしょう。

けれども、キャリー・イェール・パック、ベルガモ・パックなど伝統的なタロットデッキでは、隠者は砂時計を手にしている場合が少なくありません。時計は時の流れや運命を象徴するものであり、特に砂時計は重力の働きによって時間の経過を示しますから、やむことなく使い果たされていく、はかない生き物の命を象徴しています。明かりや砂時計以外のアイテムを手にする隠者の姿が描かれている場合もあるでしょうが、おしなべて人知を超えた英知や人生の無常など、人の力の及ばないところを司る人物として表現されているでしょう。というのも、隠者は奥深い山中など、隔絶された世界で孤独の中、ストイックに思索を巡らせ、本当の意味で人生を達観し、無我の境地に至ることのできた人物だからです。それだけに高い能力をもち、人々の尊敬を集めるに値するのです。が、隠者は優秀な指導者でありながら、決して表舞台に立つことはありません。あくまで主人公を陰で支える存在であり、長い時間をかけて習得した技術や能力を次の世代へと正しく伝承することを願っているのです。だからこそ隠者は一桁の整数の最後で、ひとつの到達地点を表す9、第9のアルカナに配されています。

項目別リーディングポイント

Positive

［恋愛］

深いところで理解し合える強い絆。相手の気持ちを尊重し、見守り続ける穏やかな愛情。ずっと前から知っているような懐かしい雰囲気。控えめな態度が功を奏する。見えないところで互いの愛を育む。プラトニックな関係。予想以上に自分の言動が相手に響く。

［仕事］

まずはベストを尽くそうとする姿勢に結果がついてくる。自分のペースを乱さず進むことによって成功が得られる。頭が冴えていいアイディアが浮かぶ。自分の仕事に誇りをもって取り組むことの大切さ。名誉を重んじる。研究心、探求心をもって取り組むことで得られる好結果。

［お金］

金銭的利益より信頼関係や名誉を重んじることによって、結果的にプラスを生む。計画的で几帳面な金銭感覚がもたらす成功や幸運。無理をしない。身の丈に合った支出を心がけるべき時。少しでもこつこつとためていくことのメリット。無駄を省く努力が実を結ぶ。

［人間関係］

相手を立てることによって得られる信頼感。人の相談に乗ることで、自分の悩みが解決する。身近な相手との関係が深まる。しばらく疎遠になっていた相手との交流が再開する。今ひとつうまくいかなかった相手との関係が改善する。真心や思いやりが相手に伝わる。

Reverse

［恋愛］

慎重になりすぎて、自分の気持ちを見失ってしまう。不器用だったり計算しすぎたり、そのどちらかに偏っての失敗。取り越し苦労をして気をもむ。やたらとやきもちを焼いて険悪な雰囲気を招く。必要以上に相手に干渉する。相手の気持ちを考えるゆとりがない。

［仕事］

水面下の交渉におけるリスク。的外れな努力によって無駄骨を折る。せっかくのアドバイスを無視して失敗する。周りのペースに振り回されて実力を発揮できない。分析力に欠ける言動で周りを落胆させる。細かいところにこだわりすぎて、全体を把握できない。

［お金］

へそくりや秘密のお金がバレる。小銭にこだわって、逆に大金を失う。自分の取り分を主張しすぎて、かえって損をする。見栄を張って散財して、大後悔を招く。思ったほど貯蓄が増えない。計画倒れになりやすいプラン。タイミングを見極めるのが難しい投資。

［人間関係］

短気な態度をとって相手をがっかりさせる。自分に対する陰口や悪口が聞こえてくる。気難しい相手とのトラブルの気配。意外な相手が黒幕である可能性。非常識な相手に振り回される。相手の言動をしっかり観察すること、自分の言動に慎重になることの両面が鍵になる。

運命(うんめい)の輪(わ)

［Wheel of Fortune］

ホイール・オブ・フォーチュン

Key Words

新たな局面	周期と規則性
浮き沈み	タイミング
とめどない変化	回転と循環
不可抗力	再生

多くの暗示が込められた天空のホイール

10番の運命の輪は、天空に浮かぶホイールと、その四方に様々な聖獣が描かれたカードです。ホイールの中にはラテン語の車輪を意味するROTAの文字が見て取れます。ROTAはTARO（タロットカード）やTORA（第2のアルカナ、女教皇の持つ律法書）のアナグラムでもあります。そしてR、O、T、Aのそれぞれの文字の間に配されているのはアレフベート（ヘブライ文字）のヴァウ、ヘー、ヨッド、ヘーの文字。これを左上から反時計回りに読むとヤハウェと読めるのも興味深いところです。車輪の8本の輻の1本おきに配されているのは錬金術記号でしょう。頂上Tの下は水銀、Aの左横は硫黄、Rの上は水瓶座（溶解液である水の象徴）、Oの右横は塩と思われます。このようにホイール部分だけをとってみても、たくさんの要素が盛り込まれているのが、この第10のアルカナ「運命の輪」なのです。

思いがけない幸運がもたらされる

- 降って湧いたようなチャンスに恵まれる
- 何か重大な局面を迎えることになる
- 思いがけず、嬉しい展開に恵まれる
- 計画や規則正しさを重視することによって、うまくいく
- タイミングよく行動できて、ツキや幸運をつかまえる

思い切って前進すべき時期の到来

幸運の女神を味方にできるでしょう。思いがけずチャンスやツキに恵まれやすい時ですから、素早い行動で、それをつかみましょう。考え込んだり、モタモタしている時間はありません。うまくいかなかったらどうしよう、なんて悩んでいる場合ではありません。過度な心配は、せっかくの幸運を台なしにしてしまいます。思い切って前進すべき時が来ていることを告げています。何も考えなくても、ちゃんとタイミングよく行動できるでしょう。

ただ計画性や規則性は大切にすべきです。日々のルーティンを怠らない姿勢が、幸運をもたらします。偶然の幸運も、ルーティンがきっかけになる場合が多いでしょう。自分なりのリズムをつかむことが大切なのです。実力以上の力を発揮できる時でもありますから、まずは自分自身を信じる気持ちを大切にするのがポイントです。

不測不能な事態に対する警戒を

- 不安定で、何が起こるかわからない状況
- 予想外の展開に対応し切れない
- 不可抗力によって悪条件が重なってしまう
- 悪い偶然が重なっての失敗やアクシデントの多発
- タイミングがつかめず、チャンスを逃してしまう

タイミングの悪さも時の流れによって変わるもの

あなたに原因があるわけでも、あなたが悪いわけでもありません。ただタイミングが悪いのです。今は思ったような展開を望むのは難しいようです。それどころか、不安定で予想外のことばかり起こってしまいそう。せっかくうまくいっていたことや順調に進んでいたことも、なぜかうまくいかなくなりがち。ここまで来れば大丈夫、なんて油断は禁物です。最後の最後まで何があるかわからない、という気持ちで緊張感をもって臨むべきです。

ただ、こうした状況がいつまでも続くわけではなさそう。事態は刻々と変化していきます。必要以上に悲観的にならず、今できるベストを尽くす、その姿勢が大切になるでしょう。特にうまくいかないからと、愚痴を言ったり八つ当たりするのは禁物。冷静に状況を見つめ、淡々と対応を。それが状況改善のポイントになるでしょう。

何人も逆らうことのできない時の流れを暗示

ライダー・ウエイト版の「運命の輪」の中で、ホイール周辺に描かれた複数の聖獣は、とても大切な要素です。ホイールの右上の鷲は水の、右下の獅子は火の、左下の牡牛は地の、左上の天使は風の象徴であり、これらが揃って四大元素を表しています。この四聖獣によってホイールの回転運動が促されているわけですが、ホイールの頂点に君臨する剣を持ったスフィンクスが、このホイールを守護しています。ホイールの円周に沿うように描かれたアヌビスや蛇は、ホイールの回転とともに上下し、その動きに逆らうことはできません。唯一、スフィンクスの剣によって解き放たれることができる、との解釈もありますが、自己の意志ではどうにもならないのです。伝統的なタロットデッキにはホイールの周囲に人物が描かれているカードが多いのですが、やはりホイールの回転運動によって上下させられるばかりで、自分の力ではどうにもならない様子が表されています。

第10のアルカナ「運命の輪」において、こうした「己の意志や力ではどうにもならない」ということが、重要なメッセージになっています。「運命の輪」は物事や状況の変化、絶えず移り変わっていく時の流れを表しています。何人も、それに逆らうことはできません。日頃の生活態度や行いの善悪にかかわらず、その時の流れに巻き込まれ、努力や頑張りなどで変えられるような次元ではない環境的な変化をもたらすのです。つまり本人の実力や努力、責任の及ばない変化を告げているのです。しかし、だからといって、ただただ変化に翻弄されるのみ、ということをよしとするわけではありません。時の流れに身を任せつつも、いかに自分らしく生きていくのか、をしっかり考え行動していくのが大切なのです。どんな逆境や不運も、それがいつまでも続くわけではない、ということへの気づきが、先に進む力となるでしょう。

項目別リーディングポイント

Positive

Reverse

正位置

[恋愛]

運命的な出会い。良縁に恵まれる。嬉しい返事がもらえる兆し。タイミングのよい時期。運命を感じるハプニングに恵まれる。出会いからトントン拍子に進展していける兆し。よりが戻るなど、復活愛の可能性。新しい局面に向かって、いい意味での進展がありそう。

[仕事]

環境の変化がステップアップのきっかけになる。転職での成功。仕事にやりがいを感じ、天職と実感する。天職との出会い。再就職がうまくいく。トレンドをうまくつかんで成功する。失敗から生まれる成功。思い切った判断が功を奏する。努力以上の結果が得られる。

[お金]

予想外の収入を得られる。必要なタイミングで必要な分がちゃんと入ってくる。有力なスポンサーが現れるなど、資金繰りがうまくいく兆し。思ったよりも多くの報酬が得られる。少ない投資で大きな利益を得るチャンスに恵まれる。直感が冴えてタイミングのよい判断ができる。

[人間関係]

自然と充実した人間関係が築ける。肩のこらないリラックスできる交友関係。生涯付き合っていけるような相手との出会いがもたらされる。盛り上がる人間関係。また、そこから化学反応が起こって成功や面白いことができる兆し。協力し合って目標を達成できるベストな関係。

逆位置

[恋愛]

生育環境や価値観の違いから起こるすれ違い。せっかくのチャンスを逃してしまう。タイミングの悪さから、出会いやチャンスに恵まれない。交際に進展が見られず、焦りが募る。マンネリや倦怠期。交際や婚約の解消。予定が合わずになかなか会えない。すれ違いが生む破局。

[仕事]

契約の更新は厳しい条件を突きつけられそう。契約の打ち切りを言い渡される。自分に向かない仕事をしなくてはならない状況。自分では判断がつかない分野での裁量を求められる。思い切った判断が裏目に出る。予定や計画が滞って、うまく進まなくなる。計画の中止。

[お金]

予定外の出費に悩まされる。予算が大幅にオーバーしてしまう。計算通りにいかない家計や資金配分。思いがけないアクシデントからもたらされる損害。スポンサー契約や予算の打ち切り。タイミングが悪く予定外の出費が重なる。金銭面でルーズになって、信頼を失う。

[人間関係]

大切な相手や親しい相手と離れ離れになってしまう。何となくうまくいかなくなる人間関係。周囲の微妙な人間関係の変化に気づけない。また、その変化についていけない予感。利害関係ばかりが重視される関係。不安定な人間関係にストレスがたまる。いつの間にか孤立してしまう。

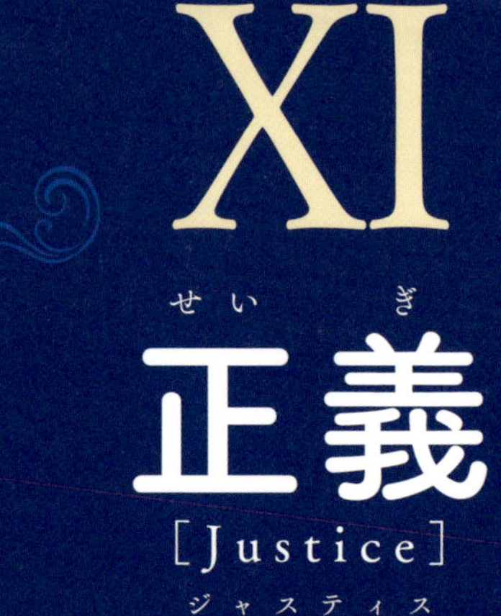

XI 正義（せいぎ）

［Justice］
ジャスティス

Key Words

正しい判断	公明正大
バランス	常識
中立	平等、対等
調停	モラル、ルール

最も尊ばれるべき最も難しいこと

11番の正義は、赤い衣服を身につけ右手に剣を、左手に天秤を持った人物が描かれているカードです。赤は血と熱の色であり、情熱や熱気、闘争、勝利、聖者などを表します。正義のために闘争をも辞さない覚悟で勝利を勝ち取ろうとする意志の強さが見て取れるでしょう。剣は裁きを示す重要なシンボルで、神性を表す青い色で描かれていることから、正義を守るために厳格な裁きが行われることを象徴しています。また、その剣は両方向に切れるもろ刃の剣ですから、しっかりと問題事項を見抜き、皆に知らしめるための俊敏な動きを要求するものです。そして天秤は均衡、バランス、公正さのシンボルであり、裁きが神の前の平等のもと、公正に行われることが示されています。いつの世でも正義は最も尊ばれるべき人の美徳ではありますが、それを正しく行使するのがいかに難しいことかは、皆の知るところでしょう。

中立的な考えが正しい方向へ導く

- ◉問題点がわかり、正しい判断ができる
- ◉偏りのない中立的な立場や考え方
- ◉正当な評価が得られる
- ◉感情論に走らず、冷静で公正な裁定が下される
- ◉合理的な解決策が見いだせる

常に公正さや平等さを心がけるのが大切な時

何か懸案事項や問題点があっても、その根本的な原因に気づける時。それによって、一気に解決の方向に向かう兆しです。また、偏見のない中立な立場からアドバイスしてくれる人物が現れそう。その人は、あなたに正当な評価を下してくれる人。落ち着いて考えてみて、十分納得のいく結論が出せるでしょう。感情面はともかく、納得せざるをえない結論が導き出されたら、素直にそれに従うのが得策です。

また自己の正当性を主張し、認めてほしい、という気持ちが強くなっていそうです。が、上手に主張していかないと、逆に誤解されることになりかねません。ともすれば正当性を認められない可能性もあるので、冷静に論理を組み立てて話をする必要があります。常に公正さや平等さを心がけることにより周囲の信頼を獲得し、それとともに自分自身も公正な評価を得られるでしょう。

正義を見失わないよう注意を

- ◉不公正、不均衡が原因でのトラブルや障害
- ◉格差がありすぎてもたらされる誤解やすれ違い
- ◉事実誤認による判断ミス
- ◉状況が不透明で結論が出せない
- ◉非常識な言動が想像以上のダメージにつながる

正しいと思えない事柄には近づかないで

バランスの悪さが目立つ時です。不公平、不平等、不公正な状況によって、窮地に立たされることになりそう。けれども、そうなってから乗り越えるのは至難の業(わざ)でしょう。なってしまってから対処するのではなく、そうならないよう、そうなりそうな状況からは逃げる、という対応が無難。特に自分が正しいと思えない事柄には、近づかないようにするのが賢明です。

しっかりと状況を把握できないうちに動いたり、結論を出すのは危険です。そこでうまくいかないことは一目瞭然です。判断ミスから後悔しないよう、慎重になりましょう。

安定した平和な状況を保つためには、普段の何倍もの努力が必要になりそうです。が、だからと二の足を踏まず、やはり努力をすることが肝要でしょう。

天秤が公正さを剣が裁きを表し、正義を象徴

マルセイユ版などの伝統的なタロットデッキとライダー・ウエイト版では第８と第 11 のアルカナが入れ替わっていることは８番の「力」の項（P.46 参照）で紹介しました。つまり伝統的なタロットデッキでは８番が「正義」で 11 番が「力」となっており、タロットカードを学ぶ際には注意が必要です。

このように、タロットデッキが制作された時代や作者がかわれば、その内容も変容しますから、その違いに留意しながら学んでいく必要があり、そこがタロットカードは難しい、といわれる一因になっているかもしれません。けれども、その違いはとても興味深く、比較研究していくことに面白さを感じれば、もっともっと楽しみを見いだせるようになるでしょう。

特にこの「正義」のカードは第８のアルカナに相当するマルセイユ版やベルガモ・パックなどの伝統的なタロットデッキにおいて、明らかに女性とわかる人物が剣と天秤を持って描かれています。この女性はギリシャ神話に登場する女神、テミスがモデルになっている、といわれています。テミスという名前は掟や慣例を意味し、全能の神、ゼウスの２番目の妻であり、正義の女神です。そのため最高裁判所など司法関係機関で、正義のシンボルとして、剣と天秤を持った姿の銅像や塑像を見ることができます。

そこでもう一度、ライダー・ウエイト版の第 11 のアルカナ「正義」の札に注目しましょう。こちらに描かれた人物は、一見して女性か男性か判断に迷うようなところはないでしょうか。女性だといわれればそう思えるし、いや男性だという人がいれば、そのようにも見える。ウエイト博士はこの札が意味する、中立や調停というメッセージを、中性的な人物を描くことによって、表現しようとしたのかもしれません。

項目別リーディングポイント

Positive

［恋愛］

ルールや約束事を決めて、互いに尊重し合う交際ができれば長続きする関係。思いやりのある真面目な付き合い。バランスのとれた、お似合いのカップル。周囲に見守られる公認のふたり。自分にふさわしい相手を見極められそう。落ち着いた穏やかな関係を保てる兆し。

［仕事］

正しい判断ができて、成功への道筋が見えてくる。法令遵守による安定した環境。本業と副業など、複数の課題の両立がうまくいく。平均をクリアして、安定した業績をキープできる。要領よく課題や目標を達成できる兆し。誠実な態度で相手の信用を得る。適切な判断ができる。

［お金］

収入と支出のバランスがとれて、快適な経済活動ができる。どうしても必要な分は援助してもらえる兆し。質のよさにこだわることによって、お得な買い物ができる。思ったより出費や経費が抑えられ、予算内に収まる予感。正当な取り引きによって、もたらされる利益。

［人間関係］

互いにない部分を補い合える関係。裏表なく、本音で付き合える相手。パートナーシップが発揮されて、いい関係が保てる。たとえ衝突があっても、しっかりと話し合えば和解できる兆し。あなたの考えに賛同してくれる人が周囲にいる暗示。分け隔てなく接してくれる人。

Reverse

［恋愛］

背伸びをして無理をしすぎる関係。結局はうまくいかない可能性が大きい予感。不釣り合いなふたり。徐々に性格の不一致や考え方の違いから亀裂が広がる。きちんと義務や責任を果たそうとしないことが問題になる。前の恋人との関係が清算できていないことからくるトラブル。

［仕事］

本業以外のサイドビジネスによる失敗。多角経営がうまくいかなくなる。業績の浮き沈みが激しく安定しない。不利な条件を提示される。失敗に対する言い訳が多くなり、失敗したことより、その言い訳で株を下げてしまう。一度手を抜いてしまうと、その怠け癖が抜けなくなる。

［お金］

訴訟に発展するような経済的損害。共同出資などで起こる不公平さに対する警告。道楽への出費が増大して屋台骨を揺るがす事態。詐欺や搾取をしっかりと見抜く目が必要なことへの警告。打算的になって、かえって失敗する。予想外に出費が増大しがちな気配。

［人間関係］

誰かに足を引っ張られそう。上から目線で感じの悪いタイプ。強引に自分の正当性を主張してくる相手に振り回される気配。敵か味方かがはっきりして、気まずくなる。価値観が合わずに言い合いになる。八方美人であちこちにいい顔をする、信用ならないタイプ。

吊(つ)るされた男(おとこ)

［The Hanged Man］

ザ・ハングド・マン

Key Words

過酷	不滅
限界	苦痛、心痛
自己犠牲	忍耐、試練
窮屈	献身的

受難の中にありながら崇高さを保つ青年

12番の吊るされた男は、文字通り足を縛られ逆さに吊るされた青年が描かれたカードです。上半身に青、下半身に赤の衣服を身につけた青年にはニンブス (nimbus) が見られます。青は神性と同時に内なる静寂を、赤は情熱や熱気を表しますから、互いに打ち消し合う水と火の対立を象徴しているかのようです。片足で吊り下げられ、辛く苦しいであろう状態にありながら、青年の表情はどこか穏やかでむしろ微笑んでいるかのように見えます。が、その内面には火と水のように打ち消し合うものが内在している、つまり葛藤を抱えていることがうかがえます。ニンブスとはラテン語で光背、後光、光輪を意味し、神的人格者や聖人の頭部を囲む、円盤形や円輪形の光。主に黄色で描かれることが多く、超自然的な崇高さを示します。自らの受難によって他者を救済しようとする、そんな姿にも見えるでしょう。

視点を変えることで見えてくること

- ◉物の見方を変えることにより、打開策が見いだせる
- ◉自分のことは二の次にしても他者を守ろうとする
- ◉試練の時を乗り越えてこそ得られる希望通りの結果
- ◉他人の利益のために己を捧げる
- ◉あえて困難な状況を受け入れることによって成功する

逃げずに状況を受け入れることで強くなれる

どうしようもなく辛かったり苦しかったりしても、ちょっと見方や考え方を変えてみると、全く違う景色が見えてきます。ただただ苦しい、辛いと嘆いてばかりいるのでなく、視点を外して考えてみましょう。今の大変な時を乗り越えれば、そして乗り越えたからこそ、そこには笑っている自分がいるはず。もちろん自分のことは大切です。自分第一に考えて悪いわけではありません。が、他者をおもんぱかることによって得られる喜びや幸運があることも忘れずに。辛いことや嫌なことからは逃げ出したい。それが人情でしょう。できればそうするに越したことはないかもしれません。でも逃げずにその状況を受け入れることによって強くなれるのです。無理になんとかしようとするのではなく、その状況を受け入れつつ、一旦充電期間と考えて力を蓄える。そのうえで時が来たら行動を。

謙譲の姿勢が己に返ってくる

- ◉見て見ぬ振りをして己にも災難が降りかかる
- ◉周りを顧みず、自己主張ばかりする
- ◉不利な立場に追い込まれても、気づかない
- ◉努力や頑張りが結果につながらない
- ◉相手に尽くしても、それが伝わらない

ベストを尽くすことで道が開ける

結果が出ない、成果があがらない、その原因をしっかり考える必要があるでしょう。自分のことばかり考えて自己中心的になったり、やり方が間違ったりはしていませんか。周りへの配慮や正しい方法を考えてこそ、いい結果を生む、ということに早く気がつかねばなりません。せっかく努力しても、周りへの態度が悪ければ、そこを評価してもらうのは難しいもの。何がいけないのか、よく考える必要があるでしょう。

ただ、それでもうまくいかない場合や結果がついてこないこともあるでしょう。でもここでベストを尽くした、ということが大切なのです。今回は思うようにいかなくても、ここで頑張ったことは自信と経験につながります。そのうえで、ダメならそれはそれで仕方ない、と思うことで、次に進むべき道が自然と見えてきそうです。

苦境を乗り越えた先にある希望に視点を

ライダー・ウエイト版はもちろん、マルセイユ版など伝統的なタロットデッキにおいても、この「吊るされた男」のカードは、それが左右どちらの足かの違いはあるにせよ、いずれか一方の足のみを吊るされた姿が描かれています。両足を縛られて吊るされたとしてもとても苦しい状況ですが、それが片足となると不安定で、ますますもって辛く苦痛に満ちた状態であることは、容易に想像できます。にもかかわらず、青年の表情は穏やかで、苦痛に歪んだりしてはいないのが印象的です。それは、この状態がただ辛く苦しいだけでなく、このような状況を甘んじて受け入れることによって、それ以上の平安や充足がもたらされるであろうことが示されているからです。

また、ライダー・ウエイト版をはじめとする多くのタロットデッキには、青年は芽吹いた生木に吊るされた姿で描かれています。芽吹いた生木は生命力や再生を表しますから、今辛く苦しい状況にあっても、この苦境を耐え忍ぶことができれば、その先には望む結果が待っているであろうことが暗示されています。片足で吊るされた青年の足の交差した状態が十字または卍を形作っており、そこには神への祈りが込められている、との解釈もあります。

この「吊るされた男」のカードは、その札名や図柄から、一見すると拷問や処刑をイメージしかねません。そのため、何かよくないことを暗示しているカードとの印象がある、といわれることがよくあります。が、肉体的な責め苦のみに注目するのではなく、そこに内在する自己犠牲や現実を静かに受け入れる姿、悲しみや困難に耐える精神力、そしてその先に見える希望や可能性にまでも視線を向けたいところ。そうすれば、この第 12 のアルカナ「吊るされた男」の告げるメッセージを、しっかりと受け取ることができるでしょう。

項目別リーディングポイント

Positive

Reverse

［恋愛］

じっと耐えて待つことで成就する恋。相手に尽くす。長い片思いの末に相手に気持ちが伝わる。無償の愛。試練を乗り越えられるかを試される愛情。進展が遅くて先行きが見えない。苦しいくらい相手への思いが募る。耐える気持ちや根気よく待つ姿勢が成就につながる兆し。

［仕事］

長い下積み生活の末に成功が待っている。不満や不平を口にしないことがステップアップにつながる。社会貢献度が大きい仕事での成功。強い意志を必要とする仕事。また、持続力をもつことが成功につながる兆し。不屈の精神がもたらす達成感。

［お金］

何か損失を被るようなことがあるが、それを乗り越えることによって精神的に成長する。投資は長期計画に耐えられるかが鍵になる。しっかりとデメリットを確認したうえで判断する必要がある。あげる気持ちで貸さないと後悔することになりそう。完璧な管理は難しい状況。

［人間関係］

ゆっくりと少しずつ深めていく関係。急がず徐々に距離を詰めていくことでよい関係が築ける。じっくりと話し合う機会を持つことで互いの絆が深まる。互いが互いのことを考えるあまり、かえって距離ができてしまう。好感をもっていても、そう簡単には近づけない。

［恋愛］

結果的に後悔するような展開になる恋模様。束縛や過干渉によって気持ちが揺らぐ。尽くす価値もないような相手に惹かれてしまう。互いの無理がたたってうまくいかなくなる。突然のすれ違いや別れ。相手の無神経な言動に傷つけられる。尽くしても報われない。

［仕事］

消極的な姿勢で周りの反感を買ったり、信用を失う。苦手な仕事を強いられるなど、苦境に立たされる兆し。意外な相手からの妨害。思いがけないタイミングで足を引っ張られる。八方ふさがりで身動きがとれない。打開策が見いだせるまで、かなりの時間を要する。

［お金］

次々と資金繰りに追われる。自転車操業で息をつく暇もない。あてにしていた収入が入ってこない可能性。思い切った判断が裏目に出る。思ったような収入が見込めない。楽をして儲けようとしてもうまくいかない。投資や貸付が焦げつく可能性。堅実さと謙虚さが鍵。

［人間関係］

相性が悪いと思う相手とは、無理に付き合う必要はなさそう。徐々にさりげなく離れることが賢明。自分からは動かない。無愛想な振る舞いで印象を悪くする。一度嫌いになったり気まずくなると、そこから関係を修復するのは難しくなりそう。物別れに終わる討論。

XIII

死神（しにがみ）

［Death］（デス）

Key Words

リセット	生まれ変わる
新たな局面	転換
急変	終焉と再生
ターニングポイント	再出発

新たな局面、再生へとつながる道程

13番の死神は、大きな旗を掲げ、鎧兜を身につけた騎士が白馬に乗っている姿が描かれているカードです。よく見ると、その騎士は骸骨であり、まさに「死神」という札名に相応しいモチーフです。骸骨は死の象徴であり、その骸骨が神の試練を示す色である黒の、戦いを表す鎧兜を身につけた姿で描かれており、死神が人々をシビアに死の世界へと導くであろうことが想像されます。ただ、死神の乗る馬は生命エネルギーの象徴であり、特に白馬は神の乗り物である神聖な馬。旗は広く人々にそれを持つものの身分を伝える大切な道具であり、そこに描かれた五弁のバラはミステックローズと呼ばれる人間の生命を象徴する文様です。さらに後方には光り輝く太陽が描かれており、人が倒れ、悲嘆に暮れ、僧侶が死神に祈りを捧げている状況でも、決して絶望や悲しみだけがそこにあるのではないことを表しています。

区切りをつけての再スタート

- 過去を振り切り、再出発すべきタイミング
- 白紙に戻してやり直す、やり直しが可能になる
- 薄々感づいてはいたものの、終わりが決定的になる
- 区切りをつけることによって状況が大きく変わる
- 見直すことで、新たなチャンスやアイディアに恵まれる

リセットして新しく始めるチャンス

変わること、何かを能動的に変えることは、決して簡単なことではありません。むしろ、多少不都合や不便があったとしても、現状維持でいた方が楽で簡単な場合が少なくないでしょう。けれども、それでは結局のところ、行き詰まる展開になるのは目に見えています。思い切って過去を振り切り、これまでのやり方を捨てて、出直すべき時期が来ていることを告げています。今ならば、遅くはないでしょう。

何事もずっと同じ状態を保ち続けることはできません。終わりがあるからこそ、新しく始められるのです。そして、新しく始めることができるからこそ、新しいものを生み出せるのです。そのことに気づけば、終わらせることは怖くないはず。過去の自分を乗り越え、その先にある可能性を手にすること。それがこれからのあなたにとって大切なことなのだと告げています。

決心と前進によって新たな展開へ

- なかなか決心がつかない
- 思い切った方向転換でうまくいく
- どっちつかずの状況への警告
- 一度失敗したことに、新たな展開が訪れる
- 先の展開が見えず、まだ時間を要する

あと一歩、そこから踏み出す勇気を

このままではいけない、どうにかしなくては。そんなことはもうとっくに気がついているでしょう。けれども、ではどうしたらいいか、そこまでには至っていないようです。もしかしたら、どうすればいいのかも、すでにわかっているのかもしれません。が、なかなか決心がつかず、前に踏み出せない状況でしょう。

それは過去や現状への執着が原因になっている場合もありそうです。いずれにしろ、このままではいけないことはわかっているのですから、あと一歩、そこから進む勇気をもちたいものです。

ただ、だからとむやみに動いていいわけではありません。思い切った転換も、そうすべきモチベーションやタイミングが大切だということを忘れずに。焦らず待つ、そのうえで好機を逃さない、そういう心構えでいきましょう。

終焉だけではない、そこから始まる新たな局面を暗示

第13のアルカナ「死神」は、その札名や図柄から、現れるとドキッとする、あまりいいイメージがない、むしろ嫌なカードのように思う、という声をよく耳にします。実際、ライダー・ウエイト版をはじめ、伝統的なタロットデッキにおいても「死神」のカードには骸骨の姿が描かれているものが多く、札名通り死に直結するような印象が強くあります。確かに骸骨は生命活動を終えた生き物が最後にたどり着く姿です。たとえば人間ならどんな立派な地位に就いた人物でも、自由気ままに生きた人でも、動物ならどんなに雄々しい獰猛（どうもう）なライオンでも、ささやかに生きたネズミでも、とにかく最後は白い骨となって、その一生を閉じることになるのです。そのように捉えると、命とは平等であり、皆同じである、といえるでしょう。さらに突き詰めれば、人間の命だから尊く、動物の命だから軽んじてよい、というものではない、ということにまで気づかされます。

けれども、この「死神」のカードはそうした命の平等性、ある種の無常観のみを伝えるものではありません。それまで生きていたものがこの世を去ること、つまり命の終わりのみを表すのではなく、精神的な死（それまでの価値観や考え方が変わる、という意味で）や、物事の終焉なども表しているのです。それはどのようなスプレッドのどの位置かにもよるのですが、この「死神」のカードが現れたからと、即それが命がなくなってしまう、という解釈に結びつくわけではない、ということに留意せねばなりません。逆に、終わることによって新たに誕生する、新たに始まる、という次なる局面を表している場合も少なくないのです。

従って、このカードが現れたからと、何となく不吉だ、というような先入観は捨てるべきでしょう。それがこの「死神」のカードが示すメッセージをしっかりと受け取る鍵になります。

項目別リーディングポイント

Positive

[恋愛]

別れの後に訪れる出会い。はっきり区切りをつけたからこそ出会いが訪れる。失恋や心変わりの可能性。すれ違いが多くなる。出会いが実を結ぶ可能性が低い。移動や転居などが原因で離れ離れになる。いずれにしろ、今までの関係に何らかの変化が訪れそう。

[仕事]

計画や契約が白紙に戻る可能性。転職や再出発でうまくいく兆し。対応の悪さで失敗しないように、という警告。思い切って方向転換することで見えてくる可能性。何かを生み出すまでには、まだまだ時間がかかりそう。うまくいかないことが逆にチャンスや新しい可能性を生む。

[お金]

収入や利益は期待薄。思っていた分が入ってこない。貯蓄や投資の計画には再考が必要になる。期待通りの展開は難しい兆し。従来のようにはいかない予感。貯蓄を考えてもうまくいきそうにない。それより、かけるべき面にはけちけちしない、と考え方を変換したい時。

[人間関係]

付き合い方を見直す必要性に迫られる。長い付き合いだから、親しくしているからと、何かしら理由をつけて相手に執着するのは得策ではない時。自分の状況を考え、冷静な対応を心がけたいところ。大切な相手との関係に変化が訪れる。必要以上に相手を追いかけないのが賢明。

Reverse

[恋愛]

偶然の再会や急な破局など、よくも悪くも状況が急展開を迎える兆し。なかなか区切りがつけられない。気持ちを引きずりがち。また、気持ちを引きずっていることが原因で、新しい恋が始まらない。同じ失敗を繰り返す可能性。相手に対する関心が薄れてきそう。

[仕事]

思いがけず忙しくなってくる兆し。本当にやりたいことについて、よく考えてみたい時期。気を引き締めなければ、歯止めが利かなくなってチャンスを逃す。マンネリを打開しようとして逆効果にならないように、という警告。ただ、現状維持に留まるのはマイナスに。熟考を。

[お金]

それほど大きなプラスや好転はなさそう。現状維持ができれば上等、というところ。堅実さを心がければ、マイナスは極力避けられる兆し。ただし、この先に予想以上の出費や支出をやむなくされることになる可能性が。とはいえ、それを恐れてビクビクするより臨機応変な対応を。

[人間関係]

無理に関係を変えようとしなくても、自然と妥当な方向に進む兆し。焦らず状況を見守る姿勢が功を奏する。難しい関係に苦しくなっても自分から動いたり、結論を急がないのが得策。じっくり構えることで、やがては無理のない関係に移行していきそう。

節制（せっせい）

［Temperance］

テンペランス

Key Words

安らぎ	緩やかな変容
調合、調整	融合
中庸（ちゅうよう）	調和と平和
節度と抑制	適切な対処

節度をもって慎重に行動することの重要性

14番の節制は、水辺に佇む翼を大きく広げた天使が、右手と左手にそれぞれ杯を持ち、何か液体を杯から杯へ移動させている様子が描かれているカードです。ここに描かれている天使の胸には錬金術記号の火を表す三角形と額に太陽のシンボルが見られます。そのことから、この天使は支配元素が火であり太陽を司る大天使ミカエルであると思われます。ミカエルが杯から杯に移し替えているのは生命の水である、２種類の液体を調合し新たに第三の物質を作り出そうとしている、など様々な解釈がなされています。いずれにしろ繰り返し杯から杯に移動させる行為により、融合や調整力を強固なものにしていることがわかります。ミカエルの右足は水に浸かり左足は地にあります。そして大きな翼は風の象徴であり、ミカエル自身が太陽を司る天使ですから、ここには「火・地・風・水」の四大元素がすべて表現されているのです。

過不足なきよう調節を

- ◉上手にコントロールできれば僥倖（ぎょうこう）が得られる
- ◉求めれば最良のタイミングで名案が浮かぶ
- ◉過不足なく自己の能力を認識することで得られる幸運
- ◉少しずつ調節しながら確実に目標に近づく
- ◉こまやかな配慮や丁寧な対応でよい方に向かう

無理のない抑制の利いた言動が肝要に

微妙なさじ加減やこまやかな調整が必要なことを告げています。意識してその点を心がければ、よい方向に進むでしょう。今はまだはっきりと結論を出したり、きっぱりとした判断をする必要はありません。ゆったりと、うっすらと、そのアウトラインを思い描ければよいのです。そこから少しずつ、くっきりとした道が見えてくるでしょう。無理をせず、抑制の利いた言動がうまくいく秘訣です。周りとの対立や反発を生むのは論外。平和的解決や調和を重んじる姿勢が功を奏します。

今は大きなチャンスを求めたり、一か八かの賭けに出る時ではありません。平均点が取れればよしとする姿勢を心がけ、中庸を進むことで、難なく希望を叶えていける兆しです。ただ、だからといって周りに流されたり、成り行きに任せるのは禁物。いつも以上の努力と集中力も必要でしょう。

コントロールを失わないように

- ◉コントロールを失って思わぬ方向に進んでしまう
- ◉無駄にエネルギーを消耗する
- ◉いつの間にか自分本位な考え方に陥ってしまう
- ◉優柔不断になって周りに振り回される
- ◉間違った対応をしてしまうことへの警告

中庸の大切さを忘れないように、という警告

場の雰囲気を考慮して振る舞ったり、今はこんなことは言うべきではない、すべきではないと自分の気持ちをコントロールしながら、人は日々暮らしています。が、それができなくなってしまうことを告げています。そんなつもりはないのに、知らず知らずに自分勝手な言動に走ったり、思ってもいないことをしてしまったり。場合によっては意図的に損になるようなことをして、周りの関心を引こうとする方向に走りがちな面も。そうして頑張っているつもりが、無駄にエネルギーを消耗するだけに終わってしまいそうです。

節度ある態度や抑制の利いた言動、極端な方向に走らず中庸を大切にすること。それらができてこそ、自分に相応しい生活リズムをキープできるのです。そのことを忘れないように、という警告の意味合いが込められているのです。

節度ある姿勢で周囲との融和を目指す大切さ

第14のアルカナの札名は「節制」。暴飲暴食をしたりすると「節制しなさい」などと言われますが、この「節制」Temperance（テンペランス）には、どのようなメッセージが込められているのでしょう。節制とは、規律正しく統制のとれていること、欲に溺れて度を越したりしないよう適度に慎むこと、ほどよい状態にすること、などを指し、原題のTemperanceには禁酒という意味もありますから、どこかストイックで享楽的なことへの禁止や質素倹約を美徳とするような印象があります。

けれどもこのカードに込められているテーマは、そうした厳しさやシビアな要求ではありません。ライダー・ウエイト版の第14のアルカナ「節制」において、ミカエルの佇まいによって火地風水の四大元素がすべて表現されていることは、前の項で説明しました。世界を構成する四大元素を統合する形で、ミカエルは2つの杯に生命の水、あるいは2種類の要素からなる混合物を行ったり来たりさせることによって、調整作業を行っています。この様子は、物事の折り合いをつける、折衷する、中和する、中庸を選択する、調和を図るということにつながり、ひいては物事を安定した一定の状態に保つようコントロールすることでもあるのです。つまり、自然界の穏やかなエネルギー作用によって、心地よい環境が保たれ、そこに私たち人間をはじめとする生き物が生かされている、そのイメージにまで思い至るでしょう。この心地よい環境を、私たちは守り継いでいかねばなりません。そのためには節度ある姿勢や周りとの融和、調和的活動が必要になることはいうまでもありません。それこそが「節制」のテーマなのです。こうして生かされていることを当然、と考えるのではなく謙虚な姿勢で受け止め、節度ある態度で暮らしていくことが今の私たちに求められているのでしょう。

項目別リーディングポイント

Positive

［恋愛］

穏やかで心休まる関係。互いにいたわり合い譲り合うことで絆が深まる兆し。人の紹介で相性のいい相手と出会える。すぐにシンパシーを感じ合える相手。恋心や愛情が徐々に深まっていく。将来を見据えた真面目な交際。大らかで包容力のあるタイプ。自分に相応しい相手。

［仕事］

資格や技術が強力な武器になる。有利な取り引きに持ち込める兆し。相手の利益を考えることでこちらも利益を得られる、ウィンウィンの関係。押すより引きの姿勢が功を奏する。人望の厚い人物との交流に恵まれる。優れた適応力が身を助ける。慈善活動が仕事の幅を広げる。

［お金］

工夫しながら楽しく節約に取り組める。節約の意識が思いがけない額の蓄財につながる。欲を出さないことで、かえって利益を得られる。無理のない資金計画が成功の鍵になる。質素さを心がけることで幸運に恵まれる。節度ある支出が幸運を引き寄せる。やりくり上手。

［人間関係］

適度な距離感を保てる心地よい関係。相手の気持ちや立場を考えるだけのゆとりがある。穏やかで心地よい雰囲気をつくれる相手。または仲間。白黒はっきりさせなくても、何となくいい方向に向かう。うまく仲裁されて和解が成立する。友好関係の輪が広がっていく。

Reverse

［恋愛］

打算的な考えや打算的な関係。思うように距離が縮まらずフェードアウトしてしまう。遠慮しすぎて自分を出せない。自分の気持ちを押しつけすぎて引かれる。気持ちにブレがあって誠実さに欠ける。周囲の意見に振り回されて関係がぎくしゃくする。束縛が強くなる。

［仕事］

仕事のリズムがつくれなくて目標を達成できない。基礎や基本がなってなくて行き詰まる。一貫性に欠ける言動で信用をなくす。業績にムラがあり、安定性に欠ける。大きすぎる目標を立てて達成前に挫折する。効率が悪くて仕事がはかどらない。確認不足による失敗。

［お金］

どんぶり勘定でうまくいかなくなる。けちけちしすぎて、逆に損をする。細かいところを気にするわりに衝動買いに走る。一度たがが外れると、湯水のごとく出費してしまう傾向。計算ミスから赤字になってしまう。安物買いでの失敗。経営状況の悪化。設備投資の失敗からの損失。

［人間関係］

気遣いのなさで相手にがっかりされる。相手の真意がわからなくて心を開けない。表面上の付き合いに終始しがち。正直すぎる言動で相手を傷つけてしまう。どちらかが一方的に奉仕する関係。社交辞令の応酬に疲れてしまう。器用に立ち回れずに損をしがち。

XV 悪魔（あくま）
［The Devil］
ザ・デヴィル

Key Words

悪事、悪だくみ	堕落
邪心	魅力的な刺激
強欲	執着、執念
誘惑	暴力

悪魔に魅入られたふたりの行く末は…

15番の悪魔は、裸の男女と、そのふたりを見据えるように後方に陣取るバフォメット像をモチーフとした悪魔が描かれたカードです。バフォメット像とは、山羊の頭部と人間の体、そして翼を持つキリスト教に由来する悪魔です。この半人半獣の姿は、悪魔といわれてイメージする代表的なビジュアルのひとつでしょう。悪魔が陣取る台座からは鎖が延びており、男女それぞれの首につながれています。ふたりには尻尾が生えていますが、尻尾は理性をもたない動物の象徴であり、悪魔にとらわれたふたりは、もはや理性を失い本能のまま生きる動物となりかけているのかもしれません。ただふたりがつながれた鎖は、ゆったりと首にかけられているだけのように見えます。もしもふたりが理性を取り戻し、自らの意志で悪魔から逃れようとするなら、それも叶わなくはない、ということが暗示されているかのようです。

楽な方へと流されやすい兆し

- ◉楽な方に流されて快楽を求めてしまう
- ◉ダメだとわかっていても、つい誘惑に負けてしまう
- ◉辛いことに目を背けて、そこから逃げる
- ◉自分に原因があるのに責任転嫁したり言い訳がましくなる
- ◉バイアスがかかって正しい判断ができない

自己の内面と向き合うべき大切な時期

人は内面に常にいくつもの思いや葛藤を抱えており、わかってはいても正しい道、希望につながる道だけを進んでいくわけではありません。「ここでしっかりしなければ」と思いつつ「もういいや、休みたい」「このくらいならいいだろう」と思ってしまったり、辛いことはしたくない、もっとうまいやり方はないか、などと考えたり。そして自分は悪くない、○○のせいだ、と責任転嫁したり、保身に走ってしまうことも少なくないでしょう。

程度の差はあれどもそれが悪魔に魅入られた、悪魔に取りつかれた、という状態であり、このカードはそうした状態に陥っていることを警告しています。ダメな自分、嫌な自分から逃げず、しっかり向き合うことが大切。悪魔は外部ではなく、自分の中にいるのです。その悪魔に打ち勝つには、冷静に自分自身を見つめる目と強い意志が鍵です。

気づきから徐々によい方向へ

- ◉自分自身に原因があることに気づく
- ◉今までこだわってきたことへの執着がなくなる
- ◉ゴールまでにはまだまだ障害もあり長い道のりになりそう
- ◉しがらみや腐れ縁から遠ざかることができる
- ◉立て続けに起こりやすい不運やトラブル

ひと区切りついて向かう先は、あなたの姿勢次第

懸案事項やうまくいかないことの原因が、自分自身にあることに気づく兆しです。悶々としていたことが吹っ切れたり、しがらみや腐れ縁を断ち切るきっかけが見つかるでしょう。つまり、ひとつの区切りがつくことを告げています。いつまでもひとつのところにいないで、しっかりとした足取りで歩を進めるべき時が来ているようです。ただゴールとなると、まだまだ乗り越えるべき障害もあって、長い道のりが待っているかもしれません。まだまだ不運やトラブルも連続して起こりうるでしょう。

ここから先、どのような展開が待っているかは、あなた自身の判断と行動にかかっています。カードは本人次第である、ということを示しています。なりふり構わず、全力投球で事に向かい合いたいところ。ただし、そこには自分自身に対する信頼とプライドを忘れないことも大切です。

悪魔は外にではなく、自己の内面にいる

これまで紹介してきたカードの中に、この第15のアルカナ「悪魔」のカードと、とてもよく似た構図のカードがあったことにお気づきでしょうか。そう、それは第6のアルカナ「恋人」です。「恋人」のカードでは、後方に燦々と輝く太陽と天使が描かれていましたが、この「悪魔」のカードでは同じ位置に暗闇と悪魔が描かれ、似たような構図でありながらも対照的な雰囲気を醸し出しています。特に悪魔の額には逆向きの五芒星（ペンタグラム）が見られ、邪悪な闇の教えを表しています。そして「恋人」ではまだ知恵の実を食べる前の無垢な姿のアダムとイヴが描かれていましたが、こちらでは角と尻尾が生え、ふたりの姿には変化が見られます。イヴの尻尾はブドウの房を模しており、ブドウからは芳醇なワインができることから快楽に酔いやすいことが暗示されています。また、アダムの尻尾は悪魔の持つたいまつから炎が燃え移っているようにも見え、何か悪魔の邪悪な企みに加担しようとしているかのようです。この対比から、ふたりはついに禁断の知恵の実を食べ、楽園を追放されたことが示されています。

「悪魔」は人々に災いや不幸をもたらす存在、との認識に間違いはないでしょう。しかし第15のアルカナ「悪魔」は、単なる厄災を暗示するものではありません。人間の内面には善なる部分と悪なる部分が混在しており、その悪性に支配されてしまうことを表すカードなのです。人としての理性より動物的本能や野性が表立って現れることで起こる、様々なトラブルや不幸に対する警告の意味合いがあるのです。第13のアルカナ「死神」同様、このカードが現れると不吉に感じてむやみに怖がる人も少なくありません。が、このカードが現れたということは、しっかりと内省し、今の自分は本来あるべき自分なのか、自分が思う自分らしさを忘れていないかを確かめる必要があるでしょう。

項目別リーディングポイント

Positive

[恋愛]

予想外の出来事によって関係がぎくしゃくする。誘惑に乗ってしまう。お互いの浮気の可能性。暴力による束縛や支配。その場限りの快楽。人に後ろ指を指されるような恋愛。刺激的で強力な魅力に惹きつけられる。愛情は薄れているのに、断ち切れない関係。求めるばかりの態度。

[仕事]

過去の成功や功績にしがみついて新しい挑戦ができないでいる。努力が単なる悪あがきになってしまう。並外れた努力が必要になる。進むべき道が閉ざされる可能性。オーバーワークが限界にきている。悪い計画やごまかしを拒み切れない。打算が先行しての不誠実な対応。

[お金]

執着がかえって損失を生む。思いがけない借金を抱えることになりそう。予定以上に予算が膨らんでしまう予感。自分の努力や労力に見合わない、少ない報酬。ギャンブルの魅力に惹きつけられる。保証人になるなど、人の借金にかかわることの危険性。優柔不断が招く失敗。

[人間関係]

悪友に振り回される。はっきりしない態度で悪い仲間に引き込まれる。相手の言葉に洗脳されて、善悪の区別がつかなくなる。危険な計画や間違った行動に引き込まれる可能性。優柔不断になってトラブルが勃発する。甘い言葉を信じて、後悔するような展開を招く。

Reverse

[恋愛]

冷却期間をおいて気持ちを整理する。腐れ縁やなし崩しの関係を断ち切るタイミング。音信不通になる。つき物が落ちたように執着心がなくなる。気持ちが吹っ切れるきっかけが訪れる。落ち込んでいた気持ちが少しずつ上向きになってくる兆し。優柔不断で結論を持ち越しがち。

[仕事]

低迷期やスランプから脱出する糸口が見つかる。まだ諦めるのは早い予感。何をやってもうまくいかなかったことに、一筋の光明が見えてくる。正攻法ばかりが正しいわけではないことに気づく。きれい事ばかりでは済まされない事態。負担が減って働きやすくなってくる兆し。

[お金]

少しずつ上向きになってくる糸口が見つかる。誠実さを大切にしてこそ、得られる収入。時間はかかっても、収入面が向上する可能性がある。目の前の利益にとらわれることなく、最良の道を選ぶべき時。思ったほど収入は得られないが、そこで落胆せずに希望をもって臨むべき時。

[人間関係]

腐れ縁やしがらみから抜け出すきっかけがつかめる。言いなりになっていた相手との決別。嫌われていることに気づく。また、そのことへの解決策が見いだせる。自分の気持ちに正直になるべき時。危ういところで悪い誘惑から逃れられる。徐々に前向きに考えられるようになる。

塔

［The Tower］

ザ・タワー

Key Words

破綻	危機
驕りや傲慢さ	破滅
破壊と創造	天災や災害
損失や災難	崩壊

驕りや傲慢さを戒める“建設的”破壊

16番の塔は、暗闇の中、雷に打たれて破壊される建物が描かれたカードです。塔の色である灰色は物質的側面や世俗を表しており、建物や館は権威の象徴でありステータスシンボルですから、人間が己を満足させんがために欲望のままに作り上げたものを具現化している、といえるでしょう。それはさながらバベルの塔を想起させます。そしてバベルの塔同様に破壊されてしまうのですから、そこには人間の驕りや傲慢さに対する戒めが見て取れます。また、塔を直撃する雷が、太陽の光、天の恵みを象徴する黄色で描かれており、この破壊が悲しむべきことではなく、むしろ幸いを招くものとして表現されている点が興味深いところです。つまりここでの破壊とは、旧態然としたものを壊し、新たな創造の出発点であり、建設的な意味が込められています。ただし一度創り上げたものを壊されるのに、恐怖や辛さが伴うことは否めません。

冷静に状況を受け止める必要性

◉予期せぬトラブルや突発的なアクシデント
◉今までうまくいっていたのに急にうまくいかなくなる
◉不可抗力のもとに訪れる災難
◉築き上げてきたもののはかなさに気づく
◉冷静に状況を受け止め、一旦は無駄な抵抗をしない

状況の静観とライフスタイルの見直しを

不意打ちのようにトラブルやアクシデントに襲われる可能性を告げています。今までうまくいっていたのに、どういうわけか急にうまくいかなくなる場合もあるでしょう。自分ではどうしようもない災難や不運に見舞われることも。せっかく頑張ってきたこと、今まで苦労して積み上げてきたものが台なしになって、そのあっけなさに呆然としてしまうかもしれません。ただ、だからといって何の作戦も方策もないのにがむしゃらに抵抗しても、事を悪化させるだけです。ここは一旦、無駄な抵抗はやめて状況を静観するのが賢明です。ちょっと小休止して力を蓄える、という姿勢も大切なのです。

そのうえでライフスタイルや価値観、ライフプランやそのための行動の見直しを。自分の人生を再構築する、くらいの意気込みで臨むのが、この先の人生を充実させるポイントでしょう。

危機感をもって取り組む姿勢を

◉ずっと引きずってきた課題がより難しくなる
◉かなり難しいとしても、解決の糸口は残されている
◉課題を先送りにしてきたために起こりうる災難
◉問題が露呈したことにより、よりよい方向に向かう可能性
◉今の状況に危機感をもって取り組むべき時

まだ解決の可能性が残されていることを暗示

未解決のまま放っておくなど、取りかかるのがおっくうでそのままにしていたこと、どうしたらいいかわからなくて困っていたことが原因での失敗や災難の予感が。もう、この辺で本当に何とかしないといけない、という警告でもあるでしょう。逆に、ここで露呈したことで、頑張って解決しよう、という気になれればしめたもの。解決するのに、今より早い時はないのです。もう後回しにしている時期ではありません。

確かに課題をクリアするのは簡単なことではないでしょう。並大抵の努力では無理なのかもしれません。けれども、まだ解決の可能性は残されていることを、このカードは告げています。今の状況に、危機感をもって真剣に取り組みましょう。そうすれば、少しずつでも進むべき道が見えてくるはず。先を考えて気が遠くなるより、足元の一歩を確実に。

破壊の後には希望を伴う再興が待っている

第16のアルカナの札名は「塔」。この札名を聞いただけではピンとこないかもしれませんが、カードの図柄を見てみると、そこには雷によって破壊されている塔が描かれており、その尋常ではない様子に、単なる建物を表しているのではないことがわかります。大アルカナ22枚のカードのうち、第13のアルカナ「死神」と第15のアルカナ「悪魔」について、不吉で怖いカードと認識している人が少なくないでしょう。けれども、むしろその2枚よりも、この「塔」のカードの方が警戒すべき要素が多く含まれている、といっても過言ではないのです。ライダー・ウエイト版はもとより、伝統的なタロットデッキにおいても、この「塔」のカードはほとんどの場合、雷によって破壊されている塔の様子が描かれています。これは、今まで積み上げてきたことが破壊される、崩壊する、ということを暗示しているのです。そしてトラブルや災難は一度ならず訪れ、何もかもを台なしにしかねない、ということを告げています。何とかして守ろうとしているものが壊されてしまう、その対象は人によって異なるでしょうが、これほど辛く苦しいことはないでしょう。

けれども、このカードのメッセージは破壊や崩壊を暗示するだけで終わるのではありません。壊された後には新たなる出発、再興が待っています。どんなに絶望の淵に立たされようとも、そこから這い上がろうとする気持ちがあれば、必ずやその糸口が見つかるであろうことも告げているのです。逆に壊されることによって改善、進化がなされ、よりよい方向に進む可能性も秘めているでしょう。築き上げてきたものが壊されるのは、衝撃的で悲しいことに違いありません。けれども、悲しい側面ばかりにとらわれるのではなく、いかにそこから自分らしく、自分が納得のいく道を進むのか、そのことを問われているのを忘れないことが肝要です。

項目別リーディングポイント

Positive

［恋 愛］

浮気がバレる、ライバルが出現するなど第三者が介入しての修羅場の予感。一度は乗り越えたはずの課題が再燃する。金銭問題など、相手のトラブルが原因でのいざこざ。自分の恋愛観をくつがえされるような相手との出会いの予感。ささいなきっかけからの大げんか。

［仕 事］

自信をもって取り組んできたことでの失敗。パワハラによるダメージ。効率の悪い古いやり方にとらわれて、うまくいかない。不慣れな仕事、初めての部署への転属。新たな対応策が見いだせなくて、行き詰まった状況。今まで作り上げてきたものを破壊して、再構築する必要性。

［お 金］

投資や財テクでの失敗は、思ったより損害が増大する気配。いつの間にか破綻への道を進んでしまう可能性。こつこつためていた分を一気に放出してしまう危険性。急激な変動についていけなくなる。また急激な変動には警戒が必要になる、という警告。資金調達の困難さ。

［人 間 関 係］

立ち直れないと思えるほどのダメージを受ける予感。あっさりと裏切られたり、裏切ったりすることで、今までの関係が崩れる可能性。衝撃的なアクシデントが予想されるが、それによって嫌な関係や悪縁が一掃される。意外な相手との意外な展開による突然の別れ。

Reverse

［恋 愛］

ずっと前の浮気や不誠実な言動が原因での関係の悪化。関係を解消したくなるようなトラブルの予感。冷静な判断を失ったことによる、取り返しのつかない展開。素直になれなかったり、意地を張ったりすることから起こる後悔。相手の嫌な面や本性が見えて幻滅する。

［仕 事］

早急に再建策を打ち出さないといけない状況。今の状況はすでに限界がきている兆し。人の失敗やトラブルのとばっちりを受ける。無理をしたことによって、そのしわ寄せが思いがけないところに波及する。取引先のトラブルや災難が、こちらにまで大きく影響する。

［お 金］

急速に資金不足に陥る可能性。損失が出ることはわかっていながらも、その対応策が見つからない。細かく計算してもおおかたその通りにはいかない気配。それより結果への柔軟な対応が必要になる時。引き際が肝心。挽回よりも、これ以上損害を増やさない方をとるのが賢明。

［人 間 関 係］

家族や親戚など、ごく親しい相手との間の問題に頭を悩まされる。今まで目をつぶってきたことが、それでは済まされなくなる兆し。小さなすれ違いから起こる、大きな誤解や亀裂。互いに理解し合えていると思っていたのに、そうではなかったことが露見して自信を失う。

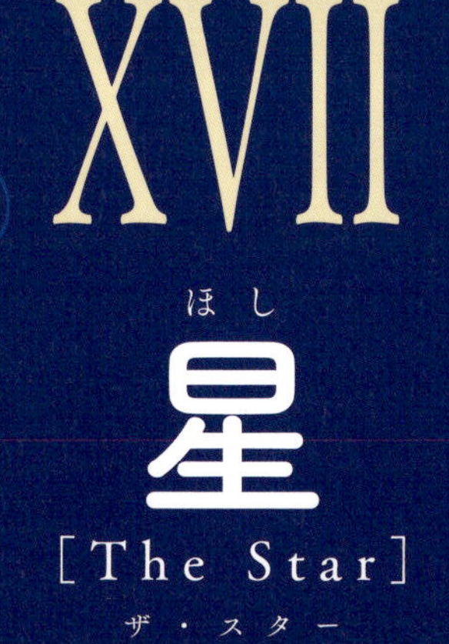

星（ほし）

［The Star］
ザ・スター

Key Words

希望、願い	直感や霊感
輝き	指針
精神的な支柱	才能、能力
祈り	展望

希望と無限の可能性を秘めた八芒星

17番の星は、裸の女性が水辺にひざまずき2つの水瓶から水を注いでいる、その天空にひときわ大きな星と、それを取り囲むように7つの小さな星が描かれたカードです。裸の女性は無垢で自由の象徴であり、彼女が注ぐのは生命の水です。生命の水は大地と流れを清め、命を吹き込み、その浄化された大地と流れからは豊かさが生み出されます。天空の星は北極星を中心に、その周りを回転している七つ星、北斗七星といわれています。この七つ星の7は宇宙のサイクルにおいて重要な単位で、7で完結する宇宙の周期は人知を超えた大きな力の周期と考えられていたのです。この七つ星に囲まれた大きな八芒星（ヘキサグラム）は宇宙の放出エネルギーであり、希望と無限の可能性を秘めた存在。17番の1と7の和である8と、大小合わせた8個の八芒星。いかにこのカードが緻密な計算のうえに表現されているか、がわかります。

才能と直感がチャンスを招く

- 将来の展望が見えてくる
- 才能や可能性を見いだす
- 周りを惹きつける言動ができて活躍するチャンスの到来
- 支持、支援してくれる人物が現れる
- インスピレーションが冴える

自己の内面から才能や能力を見いだせる時

今の状況に、希望の光がさしてくる兆しです。この先どうすればいいか、その展望が見えてくるでしょう。自分の中に、才能や能力が見いだせるようです。それは今まで頑張って続けてきた分野でかもしれないし、全く新しいジャンルにおいてかもしれません。いずれにしても、自分なりに何かしら努力をしたり、種まきをした結果であることは間違いないでしょう。また、インスピレーションが冴えて、進むべき方向やどう判断したらいいかが、明確にわかってくる時期です。

自分の中にそうした変化が現れるせいか、自然と周りを惹きつける魅力的な言動ができる暗示が。それがきっかけとなって、活躍のチャンスに恵まれるでしょう。また、支援や支持をしてくれる人、場合によってはスポンサー的人物が現れる兆しも。そういう意味では向上心を大切にしたいものです。

身の丈に合った目標の見極めを

- 到達が難しい高すぎる目標や理想
- 思いばかりが先行して「ビッグマウス」になっている
- 実際にはうまくいっているにもかかわらず、悲観的になる
- 悪い方にばかり考え、支援者の言葉が耳に入らない
- 考えがまとまらず、どうしたらいいかわからなくなっている

少しずつステップアップを目指して

状況はそう悪くはないでしょう。それなのに、なぜか焦りを感じたり、悲観的になりがちです。それは、指針となるべきものを見失っているからのよう。的確な状況判断や目標設定ができていないために、できもしない目標や理想を追いかけることになったり、気持ちばかりが焦って行動が伴わなかったり。それが不安の塊となって、考えがまとまらなくなったり、悪い方悪い方に考える原因になっているのでしょう。

それは遠くの星を見つめて、あの明かりは取りにいけない、と嘆いているようなものです。自分を照らす十分な明かりは、すぐ近くにあるはず。まずはその明かりを手に取るところから始めましょう。そして、その明かりで足元を照らし、さらに大きな明かりに向かって歩き出して。そうして少しずつ、輝く星に近づいていけばいいのです。

人は誰しもその内面に輝く星をもつ

キャリー・イェール・パックなど、伝統的なタロットデッキにおいて、この「星」のカードに相当するのは「Hope」、ホープ、希望という札名のカードです。もちろん伝統的なタロットデッキの中にも「星」の札名がついたものもあり、そもそも絵柄だけが描かれていて札名がないものもあり、すべてのタロットカードに共通したフォーマットがあるわけではありません。中には全22枚が揃っておらず欠損した番号のカードがあったり、そこを後に別の画家が補完して22枚のタロットデッキを完成させたものが出回っていたりと、その変遷は複雑です。その時代や歴史によって様々なカードが作られているため、どれが正しくてどれが間違っている、ということではありません。同じ番号でも札名が違っていたり、別のカードと入れ替わっていたりするあたりは、個人的にはタロットカードへの探究心を刺激されるところです。いずれにしろ、そのカードが意味するところをしっかりと把握し、上手にリーディングしよう、という思いがあれば、タロットカードはあなたの味方になってくれるでしょう。

そこで、この第17のアルカナ「星」ですが、このカードのテーマはやはり「希望」です。「星に願いを」というタイトルの歌があったり、流れ星に願いを唱えると叶う、といわれたり、星と願い（希望）は切っても切り離せません。ただ、ここでいう願い、希望、とは、何もせずにただ祈るだけ、という行為とは違います。また、単にその願いが叶う、ということを指しているわけではありません。「星」は魂の輝きや内面に宿る豊かな創造性や可能性を表し（それは誰しもがもっているものです）、それをより輝かせようと努力することの大切さを告げているのです。そこにこそ希望、言い換えれば強い精神力があり、その力を十分に発揮すれば、輝く星に行き着くでしょう。

項目別リーディングポイント

Positive

Reverse

［恋愛］

素敵なデートが実現しそう。一緒にいて楽しい相手との相性がアップする。自分の思う恋愛ができる兆し。今までにいないタイプの相手との新鮮な出会い。気の合う仲間や友達関係から恋に発展する可能性。直感的な恋。片思いが成就するきっかけの到来。ときめく恋の予感。

［仕事］

直感的に成功のきっかけをつかめる。得意分野での活躍。周りの注目を集めるような華々しい成功。高い目標を持つことで、モチベーションがアップする。自分の感性やセンスを信じてうまくいく。新しい課題への挑戦で得られるチャンス。自由な発想からの斬新なアイディア。

［お金］

インスピレーションが働いて、利益を生んだり損害を回避できる可能性。アイディアやひらめきが収入につながる。報奨金など、努力や実力を評価されての臨時収入や収入アップの兆し。思いがけない贈り物や収入。お得な買い物。クレジットやローンの見直しが功を奏する予感。

［人間関係］

気が合う仲間との楽しい時間が満喫できる。本音やわがままを言っても許される関係。センスや感性が似ていて、リラックスして付き合える相手。互いにリスペクトし合ってレベルアップできる関係。いざという時に助けてくれる人物。的確な配慮で人気者になる。

［恋愛］

相手に求めすぎ、期待しすぎてガッカリしがち。気の緩みから愛想を尽かされる気配。見た目と内面のギャップに驚かされる。高嶺の花に対する思いが募る。よく考えもしないで交際に発展しての後悔。慎重な判断が功を奏する時。勝手な思い込みからの決めつけに対する警告。

［仕事］

理想が高すぎてせっかくのチャンスを見逃してしまう。段取りの悪さが原因での失敗。仕事を強制されてやる気がなくなる。勝手に仕切られて憤慨する。周りから遅れをとる。現実離れした計画。先の見通しがつかない。総合的な正しい分析力が成功の糸口になる兆し。

［お金］

貸したお金の回収が難しくなる気配。支払いはしっかりと確認する必要がある。お買い得との判断が、かえって裏目に出る。いたずらに不安が募って、逆に判断ミスをしてしまう可能性。しっかりと目標を決めて貯金に心がける必要がある兆し。念入りな細かい計算が大切な時。

［人間関係］

理不尽な要求に戸惑う。意見が合わずに計画が頓挫したり、けんか別れに発展する可能性。相手の言っていることがよくわからなくて困惑する。強引な物言いをするタイプに押されてしまう。しっかりと話し合うことで理解が深まり、関係が修復できる可能性。人の話を聞く大切さ。

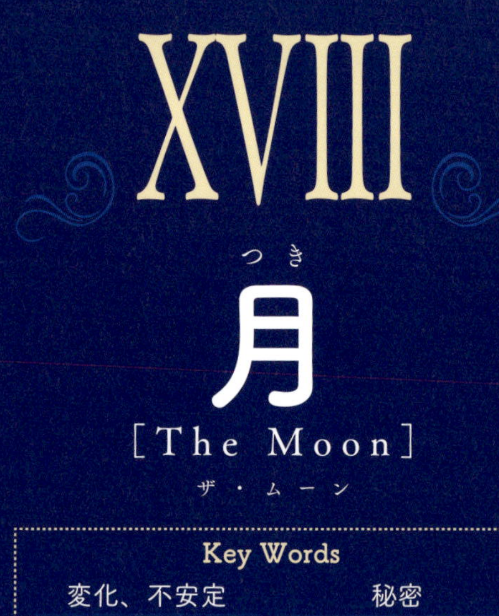

XVIII

月（つき）
［The Moon］
ザ・ムーン

Key Words

変化、不安定	秘密
曖昧	嘘、偽り
情緒、感受性	不安
深層心理	潜在意識

人の感受性や深層心理を投影する月

18番の月は、天空に大きな月、地上には水面から這い上がろうとしているザリガニ、その岸辺にオオカミと犬、そこから山の彼方まで続く道と、その両脇に門が描かれたカードです。月は人の心を揺さぶるものとして、感受性や深層心理を表します。オオカミは野生に生きる本能の生き物、犬は人間と共存する生き物で、同じイヌ科の動物でありながら、その対照的な特徴から、対比や2つの側面を表しています。また、ザリガニは水辺にすむ下等動物であり、哺乳類としての犬やオオカミとの対照を成しています。そこに大きな衝突や諍いは見られないものの、みな月の方向を向いており、月は苦悶の表情を浮かべています。そのことから、何か懸案事項の原因は、これらの生き物にあるのかもしれません。月は三日月から半月、満月までが一度に描かれており、刻々と変化する様子が巧みに表現されているのが印象的です。

自己と周囲の隔たりが招く不安

- 事実と自己の認識に隔たりがないか確かめる必要がある
- 状況は不透明で、どちらに転ぶかわからない
- 秘密や隠し事に悩まされる
- いろいろ考え込んで、どうしたらいいかわからなくなる
- 不安が募ってふさぎ込み、無口になりがち

客観的視点とコミュニケーションが大切

今感じていること、思っていることは実際と照らし合わせて齟齬がないか、確かめる必要があります。大げさに捉えていないか、思い込みで決めつけていないかを客観的に検証することによって、間違いや失敗が起こりにくくなるでしょう。状況が不透明な時、いろいろ考え込んで打開策が見つからない場合も同様です。

また、秘密や隠し事で悩まされるのは、相手がそのようなことをした場合はもちろんですが、自分自身がしてしまった時のことも暗示しています。いずれにしろ、誠実な対応こそが解決の鍵を握っているでしょう。ただ不安が募ってふさぎ込んで無口になると、いたずらに周りを不安にさせたり、心配をかける原因に。そういう時こそ、できるだけ穏やかな姿勢を心がけつつ、コミュニケーションを大切にしたいものです。

物事が徐々に見えてくる兆し

- 勝手な思い込みによる誤解に気づく
- よくわからなかったことが、徐々にわかってくる
- 悩みや不安の原因に気づき、うまく対応できる
- 落ち着いた雰囲気を大切にすることで得られる心の平安
- 何となくの判断で、トラブルを避けられる

落ち着いた雰囲気の中で懸案事項に向き合って

曖昧模糊としていたことが、徐々に見えてくる兆しです。それによって、よくわからなかったことがわかってきたり、勝手な思い込みで誤解していたこと、悩みや不安の原因など、懸案事項の核となる部分に気づくことができる、ということを告げています。この気づきがあれば、後はどうしたらいいか、その進むべき道は自ずとわかってくるでしょう。つまり、そろそろ懸案事項が解決する時期が来ている、しかも自力での解決が近いことを告げています。まずは課題や懸案事項から目をそらさないこと、それが大切です。

また、確たる根拠があるわけではないが何となく、という感覚があてになる時。そういう気分を見過ごさず、そこに目を向けることでトラブルやピンチを免れそうです。その感覚は、落ち着いた雰囲気の中で、より研ぎ澄まされます。

大切なことは目に見えないことを忘れずに

タロットカードにおいて、それはどのカードにもいえることですが、その意味するところを読み取ろうとすると、様々な角度からたくさんの解釈ができ、どの解釈が今の状況に合っているのか、見極める必要があります。しかもその中からいかに適切なメッセージを受け取るか、が大きなポイントとなってくるでしょう。それが、タロットカードは難しい、といわれる要因のひとつではありますが、だからこそ自分だけに向けたメッセージを受け取ることができれば、素晴らしい人生の指針となってくれるのです。特にこの第18のアルカナ「月」は、潜在意識や深層心理が反映される場合が多く、どんなスプレッドのどのような位置に現れ、また、周囲にはどんなカードが現れているか、その関係性を注意深く見ていくのが大切です。ワンカード・オラクル（P.175参照）のように、1枚のカードでメッセージを受け取る場合は、その時の状況をしっかりと振り返り、その時の自分の気持ちをじっくり内省したいもの。いつもより少し時間をかけて思いを巡らせることにより自ずと進むべき道が見えてくるでしょう。仮に、かえって不安や迷いが募ったとしても、簡単に解決がつくことではない、とわかれば腹を据えて取り組む必要性を実感できますから、そのことが大切なのです。

また、月の裏側を見ることができないように、物事は見えている部分よりも見えていない部分が多く、そこに目を向けるべき、ということを示しています。つまり、見える部分だけで判断するのは危険、ということ。このことは、カードの正逆の位置にかかわらず、共通していえることなので、第18のアルカナ「月」のカードが現れたら、ぜひ思い出してください。ただ、いもしないお化けを想像して怖がったりするようなことにならないよう、しっかりと現実を見つめたうえで冷静かつ的確な判断をする心がけも肝要でしょう。

項目別リーディングポイント

Positive

Reverse

[恋愛]（正位置）

相手の気持ちがわからなくなって、不安が募る。ちょっとした相手の言動がやたらと気になる。複数の相手が気になりだす。相手が信じられなくなる。または相手に不信感をもたれる兆し。パートナーのいる相手を好きになってしまう可能性。清算できない恋に悩まされる。

[仕事]（正位置）

抜け駆けされたり、出し抜かれることへの警告。知らないうちに水面下の交渉が進んでいる可能性。根回しの必要がある案件。アパレルなど流行りすたりの激しい分野でチャンスを得られる兆し。条件よっては簡単に寝返る仲間への警戒の必要性。見通しの甘さによる失敗。

[お金]（正位置）

先の見通しに懸念材料があり、ローンやクレジットの計画を立てられない可能性。資金が確保できないうちに動いてしまうと、案の定の結果になる。気が大きくなって衝動買いをしてしまうことへの警告。大きな買い物をするには相応しくないタイミング。もう少し熟考を。

[人間関係]（正位置）

気が合うと思っていた相手が、実はそうでもなかったことに気づく兆し。相手の言動に振り回される。わがままなタイプや気まぐれな相手から迷惑を被りそう。仲間外れにされたり、声がかからなくてショックを受けそう。自分勝手な言動で失敗しないように、という警告。

[恋愛]（逆位置）

相手の本心が見えてくる。自分から動くより、受け身でいた方が好結果につながる兆し。迷いや不安がなくなって、自分の気持ちを見極められる。長続きする交際。いたずらに騒いだりせず、静かに落ち着いて待つことによってうまくいく予感。一緒にいられる時間が増える可能性。

[仕事]（逆位置）

失敗は成功の母、という展開に。失敗の後にこそチャンスがあるのを忘れず継続を。細かいところまで配慮することによって、うまくいく。基本を大切に実績を積むべき時。時間はかかるが成績や業績は伸びていく兆し。小さな希望や可能性を大切にすることによって得られる成功。

[お金]（逆位置）

節約や工夫が功を奏して、時間はかかっても目標金額を達成できる予感。貯金へのモチベーションがアップして、開業資金など今後必要な分が確保できる可能性。今後の見通しが立って、具体的な資金計画を立てられる。臨時収入をあてにせず、堅実さを大切にすべき時。

[人間関係]（逆位置）

何も言わなくてもわかり合える関係。取り越し苦労だったことに気づいて、元通りの関係に戻れる。こちらから歩み寄れば、関係が改善する可能性。素直になることでうまくいく兆し。表向きはそっけなくても、心の底では互いに信頼関係でつながっている予感。

XIX
太陽(たいよう)
[The Sun]
ザ・サン

Key Words

幸せ、喜び	達成、合格
成功	エネルギー
祝福	繁栄と成長
積極性	パワフル

強い生命エネルギーを放つ太陽

19番の太陽は、天空に強い光を放ち燦々と輝く太陽が、地上にヒマワリの花と白馬に乗った子どもが描かれているカードです。太陽は瞳も唇もすべて黄色で描かれており、輝きそのものであり、強い生命エネルギーを表しています。無防備に両手を広げて馬に乗る子どもは、天真爛漫で無邪気な存在。両手を広げても落馬する危うさを感じさせない様子は、その絶妙なバランス感覚から、力強い生命と無限の可能性を秘めています。神性を表す白馬に乗っていますから、この子どもは太陽神の子どもかもしれません。第18のアルカナ「月」では、月は苦の表情を浮かべた横顔で描かれており、他の生き物も何ひとつとして正面を向いてはいません。けれどこの「太陽」のカードでは子どもも白馬もほぼ正面を向いており、太陽に至ってはこちらを射抜くように真っすぐ正面を見据え、嘘やごまかしなど通用しないかのようです。

嬉しい知らせや喜びが舞い込む兆し

- ◉朗報が舞い込む
- ◉努力が報われ、試練を乗り越えた先に訪れるチャンス
- ◉エネルギッシュで目標を達成するバイタリティーがある
- ◉日常のそこかしこに、喜びや楽しみが見いだせる
- ◉平凡、普通というところにこそ宿る、真の幸せ

なにげない日常にこそ幸せを実感できる時

目標をクリアするだけのパワーとモチベーションがある時。ここはいつも以上に頑張りたいところです。しっかり努力することで、試練を乗り越えたその先に、チャンスが待っているでしょう。また、試験やコンクールなどのほか、何かしら知らせがもたらされることには、朗報が舞い込みそうです。まずは全力投球での取り組みを心がけ、人事を尽くして天命を待つ、その姿勢を大切に。

ただ平凡、普通こそが幸せだということを忘れずに。そのことに気づいた時、本当の意味での幸せや充実感をかみしめられるでしょう。旅行など何か特別なことをするばかりが幸せではありません。日常の至るところに幸せのきっかけは転がっているのです。それが自然と身にしみて、今までのなにげない日常にたくさんの喜びが見いだせるようになる暗示です。

目標を見失わないように

- ◉気をつけないと、大切な目標を見失ってしまう気配
- ◉将来の展望について、まだはっきりとはいえない状況
- ◉進展はあるが、満足な結果を得るのはまだ先のことになる
- ◉根拠のない自信や努力不足への警告
- ◉的確な判断や行動を心がけることで再挑戦の機会を得る

一歩一歩根気強く進むことで目標の達成に

何となく宙ぶらりんで、自分のおかれた状況ややるべきことがわかっていないようです。そのため気をつけていないと、大切な目標や目的を見失ってしまいそう。また、この先どうしたらいいか、はっきり表明できない感じです。だからと焦って結論を出そうとすると、思ってもみない方向に進んでしまったり、しなくていい失敗をすることに。特に根拠のない自信や努力不足は大失敗の原因になるので、くれぐれも気をつけたいもの。

もどかしくても少しずつは進んでいける時だけに、根気よく一歩一歩進む心がけを。当初の目標さえ見失わなければ、目標達成の可能性はあるでしょう。また、一度や二度の失敗には、的確な判断や行動を心がけることによって再挑戦のチャンスを得られる兆しも。まずはブレない心を大切にすることがポイントです。

積極的に働きかけてこそ幸運がもたらされる

古来より、人々は太陽を神としてあがめてきました。地上の生きとし生けるものに、あまねくその暖かい光を降り注ぎ、命を育んできた太陽。生き物の命の連鎖を司っているのが太陽であり、そこに太陽があるからこそ生き物が生まれ、その生を全うできる、そのことを意識的に捉えていたからにほかなりません。太陽を神としてあがめる信仰で最も知られているのは古代エジプト文明でしょう。太陽神、ラーはあまりにも有名です。その他、インカ神話のインティ、ギリシャ神話のアポローン、北欧神話のソール、ケルト神話のルーなど、呼び名は違えども世界中に太陽信仰が存在します。日本でも天照大神は太陽を神格化した神として知られていますし、北海道に伝わるアイヌ神話には、トカプチュプカムイが太陽神として登場します。同じ太陽をテーマにしてはいても、その神話、ストーリーは多種多様であり、地方の文化や価値観が大きく影響していることはいうまでもありません。けれども、命を司る神としての認識は共通のようです。

そこで、この第19のアルカナ「太陽」ですが、やはり祝福や繁栄、成功、幸せ、喜び、朗報など、歓迎すべき事柄を暗示しています。どこかにこのカードが正位置で現れたなら、嬉しいメッセージを受け取ることができるでしょう。でもそれは単にラッキーであるとか、棚ぼた的幸運ではありません。自ら積極的に働きかけることで得られる幸運であり、偶然もたらされるものではない、ということを忘れないようにしたいものです。また私たちは、毎日のように夜が明けて日が昇る、そのことを当然のように感じています。が、その夜が明けて日が昇る日常がいかにありがたいことか、つまり普通、平凡、ということがどれだけ尊いことか、をしっかりと自覚し、日々を丁寧に過ごす大切さを告げている点も見過ごせません。

項目別リーディングポイント

Positive

[恋愛]

周囲にも認められる、オープンな関係。公認の仲。ありのままの自分を大切にすることで得られる出会い。複数の相手から好感をもたれる。相手を信頼してもよさそうな予感。楽しく付き合える相手。再会から恋愛に発展する可能性。自分の気持ちをアピールする機会に恵まれる。

[仕事]

新たなクライアントや計画、企画が浮上する。プレゼンが成功して希望の仕事ができる可能性。努力によって前に出る、華やかな仕事を手がける。今まで未定だったプランが、具体的に動き始める。芸術や手芸、農業など自らの手で物を作り出すクリエーティブな分野での成功。

[お金]

目標達成による報奨金やコンクール入賞による賞金獲得など、努力が実っての臨時収入の予感。財産を築く、その第一歩となるきっかけの到来。とても役に立つ嬉しい贈り物がありそう。自然と目標金額に達成しそう。頑張りや努力が思った以上の収入につながる兆し。

[人間関係]

たとえ窮地に立たされても、守ってくれたり支持してくれる仲間がいる予感。長い付き合いのできるよい関係が築ける。共通の目標をもつよい友人に恵まれる兆し。お互いに高め合える、いい意味でのライバル関係がつくれる相手。意外な相手が味方になってくれて状況が好転する。

Reverse

[恋愛]

ささいなことがけんかの原因になる。勢いで別れに発展してしまうようなけんか。お互いが相手を大切にしなくなることへの警告。なにげない言葉で傷つける。また、傷つけられる気配。パートナーのいる相手を好きになってしまう可能性。マンネリやワンパターンによる倦怠期。

[仕事]

職場環境の悪化の兆し。心身ともに疲労がたまり、すぐにでも休養する必要がある。新事業や新しいパートナーと組むには適切な時期ではない。慎重に状況の進展を見守るべき。将来に向けてのプラン変更を余儀なくされる。課題を軽んじたり、手抜き行為により信頼を失う恐れ。

[お金]

予定していた収入が入ってこない、または遅れる気配。見込んでいたより予算オーバーする。判断を急がされる事案には慎重になるべき。特に投資や資金投入は、見送るなり時期をずらすのが賢明な兆し。当初の目標は、下方修正せざるをえない状況になりがち。無駄遣いへの警告。

[人間関係]

依頼心が強くなり、何かと周りに頼ってばかりで迷惑をかけてしまう。無神経な発言で周りに波紋が広がる。子どもじみた言動で和を乱す。ドタキャンなど約束は破られてしまうかも。周りのアドバイスや親切を無にするような態度で孤立してしまう。思いやり不足への警告。

XX

審判（しんぱん）

［Judgement］
ジャッジメント

Key Words

裁定	変革
再スタート	復活、復縁
救済	伝令
目覚め、覚醒	精神性

過去の行いから復活か試練かが示される

20番の審判は、海に浮かぶ棺の蓋が開き、死者が天空を見上げている。その天空では雲間から現れた天使がラッパを吹いている、という様子が描かれたカードです。この天使は神の言葉を伝える役割をする者、つまり神のメッセンジャーであるガブリエルであろうと思われます。ガブリエルの持つ伝令の象徴であるラッパには、白地に赤い十字の旗がつけられていますが、この旗は救済と復活のシンボル。ガブリエルは棺から天を見上げる死者たちに向かってラッパを吹いており、彼らに神からの大切なメッセージを伝えているのです。最終戦争においてキリストが勝利し、一度は命を落とした者たちも復活を許されます。そしてすべての人々に正しい審判がなされるのです。そこではよい行いをした者には復活と祝福が、そうでない者には試練が与えられるのですが、果たしてどのような裁定が下されるのでしょうか。

Positive

一皮むけて晴れやかに前進する

- ◉得難い体験をして、一皮むける
- ◉ひとつの区切りがついて、新たなスタートを切る
- ◉トラウマから脱却し、晴れやかに前進できる
- ◉今頑張るべき課題で、目覚ましい成果を得られる
- ◉自分自身について、しっかりと見定めることができる

能力の出し惜しみをせず、しっかり取り組んで

それは確かに辛く苦しい経験だったかもしれません。けれどもその体験をしたことによって、一皮むけて、さらなる飛躍を遂げられる、ということを告げています。状況にひとつの区切りがついて、新たなスタートが切れる兆しです。今までよりも、むしろこれからが勝負、といえるでしょう。これまでとらわれていたトラウマから、解放される予感です。もう、何も恐れることはありません。晴れやかな気持ちで前進しましょう。そこには新たな目標や可能性が待っています。

目の前の課題に向かって、しっかりと集中すべきです。ここでの努力や頑張りは、目覚ましい成果につながるでしょう。能力の出し惜しみはしないことです。そして自分自身について、しっかりと見定めることができるようになります。そうなれば、人生もより充実したものになるでしょう。

Reverse

落ち込んだ気分からの脱脚を

- ◉もっと頑張れたはず、と悔いが残る
- ◉過ぎたことにこだわり、前に進めない
- ◉がっかりする知らせが舞い込む気配
- ◉傷口に塩を塗られるような経験
- ◉思うような結果が出せなくて、自信を失う

素早く気持ちを切り替え、新たな一歩を踏み出して

あの時ああすればよかった、こうすればよかった、という思いが強くなる時。もっと頑張れたはずなのに、全力投球できていなかったことに悔いが残りそうです。そうして過ぎたことにこだわり、前に進めなくなっているようです。いつまでも悔やんでいても、何も始まりません。過ぎたことは忘れ、気持ちを新たに前進する覚悟が必要になるでしょう。心待ちにしていたことに、がっかりするような知らせが届くかもしれません。届いてしまった知らせはどうにもならないのですから、こちらも気持ちを入れ替えて冷静な対応を心がけたいもの。後ろ向きにならないよう、前に向かって最善を尽くす姿勢を。

弱点を突かれたり、嫌なことを蒸し返されたり、傷口に塩を塗られるような出来事や、自信をなくすような展開の予感。けれど、これもひとつの試練、人生勉強と捉え、前向きにいきたいものです。

自分にとって悔いのない生き方を考えさせられる

タロットデッキの一枚ずつの図柄について、時代や地方によって、それぞれの考えや表現に違いがあるため、必ずしも同じではない、ということは別の項でも紹介しました。同じ札名であっても、違う図柄によって表現されることは、とても興味深いことです。それぞれの時代背景や考え方が反映された絵柄を見比べることで、新たな気づきがもたらされることも少なくありません。けれども、この第20のアルカナ「審判」については、キャリー・イェール・パックをはじめベルガモ・パック、マルセイユ版など伝統的なタロットデッキにおいて、ライダー・ウエイト版同様、そのほとんどで、ラッパを吹き鳴らす天使と、棺の蓋が開いてそこから天使を仰ぎ見る死者、というディテールは変わりません。この一種独特なディテールが多く採用されているということは、それだけこのディテールが第20のアルカナ「審判」を表現するのに相応しい、と考えられているからにほかなりません。

では、この第20のアルカナの札名「審判」と独特な絵柄には、どのようなメッセージが込められているのでしょうか。棺から死者がよみがえる、という構図は今までの常識がくつがえされ、意識的変革の訪れを表します。そしてすべての人に審判が下されるのですから、よい行いをした者はそれを肯定され、より高みを目指すことになり、そうでなければ試練を与えられ、悔い改めることになります。つまり正当な評価を下され、そこにごまかしは利かない。けれども、やり直す機会は与えられる、ということが暗示されているのです。このカードが現れたら、自分にとって悔いのない生き方とはどんな生き方なのか、じっくりと考えてみましょう。そうすることで内的覚醒が起こり、これまでのこだわりが解け、本当に自分がなすべきこと、進むべき道が見えてくるでしょう。

項目別リーディングポイント

Positive

Reverse

［恋 愛］

パートナーとの関係を良好に保てる。告白を受ける兆し。自然と素直になれる相手との出会い。また、パートナーに対して、そういう気持ちになれる予感。諦めかけた恋に、再びチャンスが訪れる。自分の気持ちに正直になることで、嬉しい展開に恵まれる。

［仕 事］

ここにきて、しっかりと能力を発揮できる。技術やスキルがぐんぐん向上する。精魂を傾けて打ち込める仕事との出会い。やりがいを感じて、ますます頑張れる時。懸命な努力が導く急速な進歩。今後の身の振り方について、決心がつく。確信をもって目的を達成できる。

［お 金］

お金にこだわりすぎない姿勢が、逆に収入増や臨時収入につながる。正しいお金の使い方が、より利益や財産を生む。一度失われたとしても、再びもたらされる可能性。信念にもとづいたお金の使い方をすべき時。困っている人のためにお金を使おうとする献身的な姿勢に訪れる幸運。

［人間関係］

家族や友人など、かけがえのない相手との関係が深まる時。相手の、見返りを求めない行為に感謝する出来事。気まずくなっていた相手との関係が好転する。けんかしていた相手と、ちょっとしたことがきっかけで仲直りできる。自分にとってかけがえのない相手を実感する。

［恋 愛］

誤解から生まれるすれ違いやぎくしゃくした雰囲気。根も葉もない噂に悩まされる。本人の口から直接聞いたことでなければ、簡単に信じない方がよい、という警告。恋人との関係で、生木を裂かれるような出来事。臆病になって、あと一歩踏み込んでいけない。気後れする関係。

［仕 事］

思い込みからの失敗や信用を失う言動への警告。身が入っていないことが周りに露呈して、評価が下がる。間違いの修正の遅れが取り返しのつかない結果につながる気配。実力もないのに挑戦しての玉砕。大切なタイミングで目立つ不調。意地を張って、失敗を招いてしまう。

［お 金］

情報の分析を間違って、正しい判断ができない。利益最優先に考えると失うものが多くなる、という警告。噂や風評に振り回されて損失を被る可能性。不利な判断をせざるをえなくなる気配。タイミングの悪さが損失につながる。大切な財産を失うような思いがけない展開。

［人間関係］

周りの人のサポートを受け入れない頑なな心。大切な人と連絡がとれなくなる可能性。音信不通。相手のために尽力できなかったことを悔やむ。できたかもしれないのに、断ったり、その労を惜しんだことに対する後悔。親しくなりたいのに、接点が見つからない。

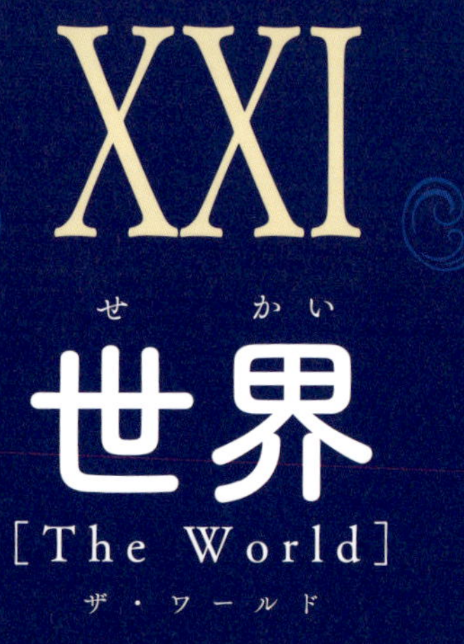

XXI

世界（せかい）

[The World]

ザ・ワールド

Key Words

到達、達成	一体、統合
完全、完璧	完遂、完成
循環	調和
大団円、大詰め	成功、勝利

欠けたところのない万物が調和した世界

21番の世界は、2本のワンド（杖）を持ち、紫色の衣をまとった人物が楕円のリースの中に描かれ、その四隅に鷲、獅子、牡牛、天使が配されたカードです。この四聖獣の配置は第10のアルカナ「運命の輪」を思い出させますが、こちらは雲間に頭部のみが描かれており、より神聖さが強調されています。この四聖獣に守られる形でリースの中にいる人物がまとっている衣の紫色は、女性性や神秘、高貴さを象徴する色。この人物は、2本のワンドで天と地、2つの世界を融合させ、司っているのです。そして楕円のリースは宇宙そのものの象徴であり、その楕円の形は宇宙の原初状態を表す「宇宙卵」に通ずるものがあります。そしてリースの天地には無限を表すレムニスケート（インフィニティー）が結ばれており、宇宙の完全性や全体性を補強し、万物が調和して、ひとつも欠けたところのない完璧な世界を表現しているのです。

物事が順調に進んでいく兆し

- 条件の揃った、恵まれた環境にいる状態
- 満を持してデビューするタイミング
- 積み上げてきたことが実を結び、満足な結果が得られる
- 揺るぎない成功が手に入る可能性
- 大切にしていることがうまくいく、順調な展開

条件の整ったベストな状態の到来

機は熟しました。条件の揃ったベストな状態を迎える兆しです。これ以上恵まれた環境はないでしょう。やりたいこと、目標とすることに向かって、思う存分全力投球したいところです。自分が望む世界に向かって、デビューするタイミングを迎えています。今まで積み上げてきたこと、頑張ってきたことに、満足のいく結果がもたらされ、頑張ってきてよかった、と思えるでしょう。これだけは譲れない、という思いが実って、大切にしてきたことがうまくいく予感も。いつも通りにやっていけば、好結果に恵まれるでしょう。そうして、揺るぎない成功を手に入れられる可能性が高まってきていることを告げています。

ただ油断は禁物です。と、同時に弱気になってもいけません。慎重さと内に秘めた強い心が、このタイミングを逃さない鍵になります。

迷いや弱気で好機をつかめない

- もう頑張れない、と心が折れてしまいそうになる
- 自分が求めていること、目指すことは違う、と気づく
- 変わることに気後れして、二の足を踏んでしまう
- 消極的な態度で自らチャンスや可能性を手放してしまう
- 自分には合わない環境での挫折や失敗の可能性

悪条件の時こそ自分を信じる気持ちを大切に

自分では頑張ってきたつもりでも、どうやら思うような展開にはならないかもしれません。そして、もう頑張れない、と心が折れてしまいそうです。また自分が求めていること、目指す方向は違う、ということに気づく兆しが。合わない環境でも挫折や失敗の可能性があるのです。いずれにしても、そこで諦めてしまわずに気分転換したり、方向転換を図って、新たな可能性を探りたいところです。焦らず落ち着いて状況判断を。

ただ、どうしても自分から動けなくて、その消極的な態度でチャンスや可能性を自分から手放してしまうことが。後になって失敗した、と後悔しないよう、やるべきことはしっかりやっておきたいもの。特に変わることに気後れして二の足を踏んでいると、せっかくの可能性を見つけられなくなりそう。自分を信じる気持ちを大切にしたいものです。

最善の状態が整い、幸せをつかむチャンス

第21のアルカナの札名は「世界」。この「世界」とは宇宙を構成するすべての要素が完璧に調和し、統合されて形作られる状態を表しています。このことによって、それぞれの要素がもつ以上の力や可能性が発揮されて、それまでの機能はしっかりと保たれたうえに、さらに新しい状況や能力も加味される、まさに理想を体現する世界なのです。ですから、ここで示される「世界」ではすべての構成要素となる万物がその役割を過不足なく果たすことができ、しかも他を侵害することなく己の領分を守り、周囲と調和するとともに争いや諍いのない穏やかな環境が保たれることが鍵になります。何ひとつとして欠けたところのない完成された世界が、そこに現れるのです。これこそが至福の時、と感じられる場である、といえるでしょう。そして、この完璧さや完全性は、ここでそのまま留まるわけではありません。一度完成を見た「世界」は、その次のサイクルの最初の段階へと転じてゆき、その循環が繰り返されていくのです。

この「世界」において、かかわる何人にとっても状況には何の支障もなく、最善の状態が提示されている。つまり、このカードが現れたということは、足りないものは何もない、お膳立ては整った、後は行動あるのみ、ということが示されているのです。どこにどのように向かうかは、自分の理念や価値観によるものであり、そこをしっかりと見極められているなら、全力で行けるところまで行ってみること。そこには目指すゴールと、次なる目標が待っているでしょう。自分の思い描く理想や到達したいゴール、また、その先のビジョンをしっかりとイメージできたなら、そこに到達することは十分に可能である、ただし全身全霊を傾ける必要はあるが……ということを、この第21のアルカナ「世界」は告げているのです。

項目別リーディングポイント

Positive

[恋愛]

ベストパートナーと思える相手との出会い。すぐに意気投合するくらいに相性のいい相手。共通の目標や夢が生まれて、パートナーとの相性がよりアップする。幸せを実感できるような恋の予感。ひとつの恋が終わったとしても、すぐに新しい恋の訪れに恵まれる予感。

[仕事]

初心を貫いて目標を達成する。近く目標を達成して充実感を得られる。新天地での新たな挑戦の可能性。こうなりたい、という理想に近づける兆し。長期計画が成功のポイントになる。チームワークがうまくいって業績がアップする。ユニオンの結成によって新しい可能性が広がる。

[お金]

目標金額の達成。定期預金が満期になるなど、次のプランを考えるべきタイミング。また、合理的な計画によっての利殖の可能性。思ったより予算にゆとりが生まれる兆し。確実に増やせる、堅実なマネープランによってもたらされる幸運。思いのほか高額な報酬を受け取れる。

[人間関係]

揺るぎない信頼関係によって、友好の絆がより深まる。言葉や習慣、文化の違う相手との交流によって、いい刺激を受ける。外国人の友達ができる。互いに満足し合える交友関係が築ける兆し。互いに相手を大切に思い、いい関係を保ちたいと思える仲間。

Reverse

[恋愛]

ずるずるとなし崩しに続いている関係。なかなか進展しない関係。相手の気持ちが見えなくなっている状況。相手の考えていることがわからなくなる。どうすればいいか判断に迷う中途半端な関係。交際など関係を解消せざるをえなくなる展開。恋愛に疲れ果ててしまう。

[仕事]

転属や方向転換を受け入れられなくて行き詰まる。満足できる結果が得られずがっかりする。失敗を繰り返してしまうことへの警告。向かない仕事に無理に取り組んで、自信をなくしたりストレスがたまる。計画を急いだり、焦って結論を出そうとしたことが原因での失敗。

[お金]

もっともっとと欲を出して、結局はマイナスになりやすいことへの警告。判断を間違うと破産しかねない状況が訪れる可能性。経費を差し引くと赤字になるような仕事。楽をして儲けようと思う気持ちが引き起こす大失敗や損害。タイミングのズレによって生じる損害。

[人間関係]

人をうらやましく思ったり、取り残されたような気持ちになって落ち込む。家族の反対によって希望が叶えられない。価値観や考え方の違いから、疎遠になる。おせっかいから思わぬトラブルを招く。しっかりと自分の気持ちを伝えなかったことにより起こる誤解やアクシデント。

第2章・小アルカナ

タロットデッキ78枚のうち、56枚が小アルカナです。小アルカナは14枚ずつ、ワンド・ペンタクル・ソード・カップの4つのスート（マーク）に分かれ、各スートにはエースからX（10）のニューメラルカードと呼ばれる数札と、コートカードと呼ばれる人物札があります。そしてこの小アルカナは、人が営む日常生活にまつわる様々な事象を表しています。ここでは、その14枚のカードについて説明します。

＜ニューメラルカード＞

エース＝すべての始まりであり、そのスートのパワーが凝縮されているカード。可能性や広がり、存在感、原点、唯一の存在を表す。

2＝前後、左右、明暗、天地など、一対の対称となるものの象徴。物事を大別して2つに分かつことができる、ということを暗示。

3＝底辺が広く頂点に向かって凝縮する三角の形が安定の象徴。3点で結ばれた三角形は結界を結ぶ最小単位であり、聖なる力を表す。

4＝人の営みを構成する環境である方位（東西南北）や空間（上下左右）、周期（春夏秋冬）、また、四大元素である「火・地・風・水」を表す。

5＝人の頭部と両手両足を結んだ線で作られる五芒星形を表す。また五角形は四つ足の生き物に理性を宿す頭部を備えた人間の象徴。

6＝整数の最初に現れる完全数であり、正三角形と逆三角形が重なった六芒星は上下の合一であることから、完全性や柔軟性の象徴。

7＝1週間の数値であり、初七日、七回忌など通過儀礼や儀式における区切りを表す。ラッキーセブンで知られるように幸運の象徴。

8＝八芒星に見られる宇宙における放出エネルギーの象徴。インフィニティーとの結びつきから無限を象徴するが、試練や覚悟も表す。

9＝整数一桁の最終数であり、極限や熟達、自然の偉大さを表す。聖なる力を表す3の3倍であることから、より強い神聖や神秘の象徴。

10＝整数二桁の始まりであり、新たなスタート、全体性やまとまりの象徴。車輪や円形、輪といった、丸い形で表される。

＜コートカード＞

ペイジ＝騎士見習い。従者やお付きの人、子どもや若い未婚女性、年少者、学生など、未熟で発展途上だが、可能性を秘めた人物のイメージ。

ナイト＝騎士。力強く人々を守ってくれる、頼りになるタイプ。おおかた35歳未満の男性で、前途有望な働き盛りの活気ある人物のイメージ。

クイーン＝女王。おおかた35歳以上で、包容力のある聡明な女性。地位や権力を備え、しっかりとした考えをもった成熟した人物のイメージ。

キング＝王。絶大な権力を有する、おおかた35歳以上の男性。威厳に満ち、問答無用の迫力と強いリーダーシップを備えた人物のイメージ。

ワンド

Suit of Wands

ワンド

ペンタクル

ソード

カップ

最も原始的でありながら使い慣れた道具

ワンドとは棒、こん棒、杖などを表します。何の加工を施さなくとも、それを振るうことによって敵を倒したり食物となる動物を手に入れるに十分な道具となりうることから、人間の最も原始的な力の象徴と考えられています。つまり人間が二足歩行が可能となり、両手が自由になった時、初めて使った道具と呼べるものなのです。

そして時には火を起こす道具として、暖をとり食物を調理する燃料として、また、住居を築く建材として、用い方もどんどん進化します。こうして様々な用途に応用される棒切れ、ワンドは生きる力、生命力、エネルギー、創造性、意志の強さ、向上心など、人間が人生を生き抜くための根源的な力の象徴でもあるでしょう。

また、世界各地で御神木として樹木が祀（まつ）られ、人々の信仰を集めていることからもわかるように、ワンドのもととなっている木と人間は切っても切れない関係にあるのです。

ワンドのエース

[A c e o f W a n d s]

エース・オブ・ワンズ

Main Images

雲から出た手がワンドを握っています。ワンド、木の棒切れは、人間が最初に手にした最古の道具であり、原始の力の象徴です。このワンドを大きな手ががっちり握っている図像は、みなぎるエネルギーを表現しています。何もないところから、新たなものを作り出すだけの力と情熱があることを表します。

Positive

Key Words

創造	創業
発明	誕生
蓄財	情熱
出発	強い意志

- 希望に満ちたスタートを切ることができる
- 新しいことを始めるだけのエネルギーがある
- アイディアを実現する情熱に満ちている
- 計画は正しいタイミングで始められる

前途洋々のスタートになるでしょう。今計画していること、考えていることは、実行に移すだけの価値があります。そして新しいことを始めるだけのエネルギーに満ちており、それを始めるタイミングに恵まれることを告げています。この時機を逃さず行動を移すことで、うまくいく兆しなのです。自信をもってスタートさせたいところです。

Reverse

Key Words

沈静化	落胆
下降	低下
衰退	時期尚早
能力不足	不満

- 物事が計画倒れに終わる可能性
- 新しいプランは形になる前に頓挫するかも
- スタートから何か間違いがある可能性
- まだ気持ちがちゃんと定まってはいない

逆位置で現れたカードは、ワンドのエースのもつエネルギーや情熱が衰退してしまうことを告げています。モチベーションがダウンしてしまうような展開や、やる気をなくすようなトラブルや横やりが入ったりする可能性も。まずはしっかりと自分の気持ちを見定めて、本当にこれでいいのか、このタイミングで間違ってはいないか、客観的に判断する必要があるでしょう。

ワンドの2

[Two of Wands]

トゥー・オブ・ワンズ

Main Images

ひとりの領主が右手に地球儀を持ち、城壁に立っています。自分の領地から遥か海の彼方まで見つめながら、彼は何を考えているのでしょうか。灰色の背景から、彼が今の状況に決して満足してはいないことがうかがえます。ここには、権力者だからこそ感じうる責任や義務、苦悩が表されているのです。

Positive

Key Words

支配	目標
指導力	獲得
義務	富
責任	財産

- 主導権を握って、周りをリードする
- 富や財産を得るチャンスに恵まれる
- 成功へのきっかけや方法を見いだせる兆し
- 強い影響力や支配力をもつ

リーダーシップを発揮して周りを引っ張ったり、強い影響力や支配力をもてる兆しです。そのため富を得たり、成功にも近づけるでしょう。ただ、それだけ負うべき責任や義務が大きくなることを忘れずに。自分のことだけでなく、いかに周りの人のことを考えていけるか、が鍵になるのです。また、明確な目標や、それに対する熱意があってこそ道が開けていくことを心する必要が。

Reverse

Key Words

苦悩や苦痛	不意打ち
悲しみ	自信喪失
支配される	逡巡
孤立	不安

- 頼りにしていたのに、あてが外れる
- あっけない幕切れになりそうな兆し
- 全く予想していなかった結末を迎える可能性
- 自信をなくしてしまうような展開

予想とは違った展開になりそう。思ったようにはいかない可能性を考えておいた方がいいかもしれません。どうしてもうまくいかなくて苦悩したり、焦りを感じる場合もあるでしょうが、そこで自分を見失わないよう気をつけたいもの。冷静な状況判断と臨機応変な軌道修正ができるかどうか、にかかってきます。まずはどの方法、どの道が自分に相応しいか見極める心構えを。

ワンドの3

［Three of Wands］

スリー・オブ・ワンズ

Main Images

夕暮れの崖に佇む人物の後ろ姿が描かれています。威厳と落ち着きをたたえたこの人物の後ろ姿には、どこか物悲しい雰囲気が漂っており、もう若くはないシニアであることがうかがえます。彼は夕日に照らされた海に浮かぶ船のオーナーであり、貿易で財をなした豪商。今後の行く末に思いを巡らしているようです。

Positive

Key Words

確実性	成立
貿易	新たな取り引き
商業	一定の実績
スポンサー	確かな手応え

- パートナーと良好な関係が築ける
- 明確なビジョンが見えてくる
- 駆け引きがうまくいって有利な立場を得る
- 一定の実績をあげるが、まだ伸びしろがある

何事も成功を得るにはひとりの力では限界があります。でもこのカードが現れたなら、パートナーとの良好な関係が築ける、優良なスポンサーに恵まれるなど、協力関係が強固になることが暗示されています。駆け引きがうまくいって立場が有利になるなど、ますます業績が上がっていきそうです。それだけ明確なビジョンも得やすくなり、さらなる発展の可能性もあるでしょう。

Reverse

Key Words

傲慢	中断
地位の失墜	弱気
富の減少	無謀
延滞	失望

- 物事の進展は期待薄
- 自己主張のしすぎでトラブルを招いてしまう
- 配慮に欠ける言動への警告
- 発言と行動に矛盾がある

状況は思ったほどうまくいっていないかも。どうやら物事の進展は期待薄のよう。立派なことを言うわりには行動が伴っていなくて、結果が出せなかったり、失望するような結果を招きかねない気配です。特に自己主張のしすぎがトラブルを招く原因に。配慮に欠ける言動を慎み、今後についてしっかりと熟考する必要があるでしょう。何をどうすべきか、順序立てて考えたいものです。

ワンドの4

［Four of Wands］

フォー・オブ・ワンズ

Main Images

花飾りがつけられた4本のワンドの向こうに花束を掲げたふたりの人物と館が見えます。これは仕事を終えた後の喜びや安堵を表しています。労働を終えた後、互いの労をねぎらい、つかの間の憩いの時間を過ごす様子が描かれているのです。休憩で心身をリラックスさせて、次へと向かう英気を養うのでしょう。

正位置 Positive

Key Words

発展	充実した関係
祝賀	一区切りつく
喜び	心のゆとり
仕事の結実	休息の訪れ

- 一定の成果を得たうえでの休息
- 一区切りついて気持ちにゆとりができる
- ゆったりと温かな恋愛や人間関係
- 伸び伸びと振る舞える環境

今まで取り組んできたことに、一定の成果が表れる兆しです。そのことによって、気持ちにゆとりができて、ゆっくりとした気分で過ごせるようになるでしょう。その分、恋人や友人、家族などごく親しい間柄の相手との関係も良好に保てる時。ゆったりと温かな交流ができて、より相性もアップしてくるでしょう。また、そろそろ休みたい、という願望の表れでもあります。

逆位置 Reverse

Key Words

浪費	見栄を張る
余分	建前
過度な装飾	見かけ倒し
無駄	退屈

- ありきたりの状況に退屈してくる
- ゆとりがある分、無駄が出てくる
- いつものルーティンに対するたるみが見えてくる
- 見た目はよくても、中身に疑問が残る

逆位置になっても大きく意味合いが変わってくるわけではありませんが、正位置の意味合いが弱まったり、そこに課題が出てくることを示します。つまり当たり前と思っていた穏やかな日常に、何かしら問題がもち上がる、ということ。いつも通りの毎日がいかに大切でかけがえのないものか、再認識を。このカードが逆位置で現れたら、ありきたりの状況の中でも油断しないよう気をつけて。

ワンドの5

[Five of Wands]

ファイブ・オブ・ワンズ

Main Images

若者たちが棒を振り回して、何か試合をしているか戦っているかのように見えます。5人は服装が異なり、チームメートではないようですし、各々の主張がありそうです。このカードは競争や闘争、また、それによる試練を表します。そこから逃げず、自らの手で戦うことで実力と有意義な経験を得られるでしょう。

Positive

Key Words

試練	派閥争い
力を蓄える	対立
競争、闘争	不和
切磋琢磨	議論

- 向こう見ずな行動で自らトラブルを招く
- 成功を勝ち取るために戦う必要性
- エネルギーを集中させて頑張るべき時
- 目標達成まで力を抜かないように、という警告

自己中心的で後先を考えない行動でトラブルを招きそう。周りとの対立の可能性も。ただ、それが必要なら逃げずに戦うのも鍵になるでしょう。もてるエネルギーを集中させて、頑張りたいところ。個人的な事情よりも欲しい結果を優先させて、戦うべきか協定を結ぶべきか、しっかり考えるのが肝要です。切磋琢磨できる相手なら、たとえ対立関係にあってもウインウインの展開も。

Reverse

Key Words

妥協案	無意味な競争
頑固	内輪もめ
ライバル心	意地の張り合い
コントロールできない	摩擦や衝突

- 我を通して周りを振り回す
- 成功の後に待ち受けているトラブル
- まだ決定すべきタイミングではない時
- ダメージを最小限に留めるための妥協案の必要性

ワンドの5は、逆位置でも戦いや闘争の意味合いに変わりはありませんが、そこに表れる結果は決してよいものではなさそうです。できれば避けた方がよかった、という場合が少なくないでしょう。何とか周りとうまくやっていく、回復不可能な状況になる前にセーブする、という方向にもっていきたいもの。自分で結論づける前にダメージを最小限に留めるための方策を考えて。

ワンドの6

[Six of Wands]

シックス・オブ・ワンズ

Main Images

月桂樹のリースが飾られたワンドを持ち、同じく月桂樹の冠を頭上にした兵士が馬に乗っています。月桂冠はギリシャ神話に登場する太陽神アポロンの象徴であり、勝利のシンボルです。このカードには勝利の意味合いがあります。が、同時に自己満足的な要素も含んでいますから、客観的視点も大切になります。

Positive

Key Words

勝利	ステップアップ
朗報	有利な展開
正当な報酬	躍進
競り勝つ	獲得

- 近く、大切な知らせがもたらされる兆し
- がむしゃらに働くことで利益がついてくる
- 頑張りに対して周りの人から称賛を受ける
- 交渉事で成功する兆し

朗報がもたらされたり、周りから称賛を受けるなど、自分に自信がもてる嬉しい出来事の兆し。先のことを考えるより、まずは目の前のことを一生懸命こなすことで結果や利益がついてくるでしょう。交渉事など人とのやりとりが有利に展開し、成功が見込める予感も。ただ、それでいい気になっていると、思わぬ失敗を。うまくいっている時こそ、さらなる躍進を目指したいものです。

Reverse

Key Words

不誠実	油断
見立ての甘さ	不信感
問題の長期化	背任
提案の失敗	延期

- 不義理をして人間関係がうまくいかなくなる
- 将来に対する不安がもち上がる
- 他人のミスやトラブルのとばっちりを受ける
- ライバルに押されて当惑する

逆位置になると、有利だったはずの立場が逆転してしまったり、足元をすくわれるような展開が暗示されます。己の心に芽生えた不安や不義理、不誠実な対応など、その原因が自分自身にある場合と、相手の勢いが増してきた、誰かのミスのとばっちりなど、自分以外に原因がある場合の両方が考えられます。いずれにしろ、油断せず諦めず、しっかりと状況を観察しての判断が大切です。

ワンドの7

[Seven of Wands]

セブン・オブ・ワンズ

Main Images

下から突き上げられる6本のワンドに向かって、青年が対抗しようとしています。6人もの相手を敵に回しながら勇敢に立ち向かう姿は、攻撃にひるむことなく向かっていく大切さを示しています。悪戦苦闘するかもしれませんが、ちゃんと自分の立場を守り切ったり、目標を達成することができそうです。

Positive

Key Words

対抗心	不屈の精神
勇気	ディベート
闘志	アドバンテージ
駆け引き	守備範囲が広い

- 勇気ある行動で勝利を手にする
- 旺盛なチャレンジ精神を発揮しての成功
- ひとつずつ順を追って整理、解決すべき事項
- 守りが最大の攻撃になる時

今の状況にひるんではなりません。大変そう、自分には乗り越えられなさそう、と思っても勇気をもって立ち向かうことで勝利や成功を手にすることができるでしょう。まずはひとつずつ順を追って考えましょう。解決すべきことを整理して考えることによって、うまく乗り切れる兆しです。身構えて攻撃していく必要はありません。防御こそが、最大の攻撃になる、と告げています。

Reverse

Key Words

戸惑い	疲労困憊
無知	放棄
無教養	消極的
優柔不断	躊躇する

- 困惑するような出来事が起こる兆し
- 自分の力だけでは守り切れない事態
- 大切な判断や行動は延期するのが無難
- 立場や役職が変わってしまう可能性

逆位置になると、勇気や闘志をうまく発揮できない状況を表します。自分では頑張っているつもりでも、困惑するような出来事が起こったり、自分の力だけでは守り切れない事態になりがち。ここで無理をするより、まずはじっくりと考えタイミングを見計らう必要があるでしょう、大切な判断や行動は延期するのが無難です。たとえ立場や役職が変わっても、慌てず冷静な対応が鍵に。

ワンドの8

［Eight of Wands］

エイト・オブ・ワンズ

Main Images

天空を飛翔する8本のワンドは移動する物体であり、物事の急速な流れや変化を表します。飛翔するワンドは、あっという間に別の場所に移動してしまいます。その様子が新たな局面を迎えることにつながるのです。そうして迎える新たな局面で慌てることのないよう、心の準備だけはしておきたいものです。

Positive

Key Words

急展開	加速
高速	拡張
移動	サプライズ
早急な行動	新たな可能性

- 急激に物事が進展していく
- 新たな人間関係が充実してくる兆し
- 素早い発想の転換を心がけて得られるチャンス
- スピードアップの必要性

物事が急速に変化していく時。その速さに驚くかもしれません。ただ、その速さにしっかりついていければ人間関係はもとより、様々なことがいい方向に転がっていくでしょう。多少のサプライズもあるでしょうが、そこで驚いてフリーズしたりすることがないように。素早く発想の転換をして対応することで、よりチャンスを広げられます。スピード感をもって行動するよう心がけを。

Reverse

Key Words

ジェラシー	身内間での口論
後退	不満
不愉快な対応	不機嫌
過激な行動	延期、キャンセル

- 計画をキャンセルする必要性
- ジェラシーがもたらす失敗やトラブル
- 他人の仲たがいに巻き込まれて右往左往する
- ペースが乱されて、自分のリズムが狂う

どうやら思ったようにはいかない気配です。その原因はもちろん自分自身にもありそうですが、それ以上に周りとの関係によるところが大きいよう。何がどうしてうまくいかないのか、一度立ち止まって整理して考える必要があるでしょう。このまま強引に進んでいってしまっても、結局は後戻りすることになりそう。早めの軌道修正が、やり直しを極力減らすためのポイントです。

ワンドの9

[Nine of Wands]

ナイン・オブ・ワンズ

Main Images

頭に包帯を巻いた人物が自らが持つワンドに寄りかかり、何かを待ち構えています。すでにやるべきことはやって、結果を待っているような状態なのです。そこには最後まで大切なものを守り抜こうとする姿勢や現状維持の大切さが表されています。負傷はしていても向かってくる敵に対抗する力は残っています。

Positive

Key Words

長丁場	抵抗
強気な姿勢	守り抜く意志
こう着状態	十分な備え
意固地になる	天命を待つ

- 周りが引くほどの頑固さ
- 引くに引けない、引っ込みのつかない状況
- 是が非でも守ろうとする、確固たる信念
- 最後の最後まで、力を振り絞って抵抗する

大切なものを守り抜こうとする姿勢は人一倍で、どこの誰にも負けないでしょう。たとえ状況が劣勢であったとしても、まだまだ逆転の可能性も残されています。最後の最後まで全力で抵抗してみるだけの価値はあるでしょう。ただ、引っ込みがつかなくなって引くに引けない状況に陥ると、後悔も。どこまで頑張って、どこから天命を待つのか、その見極めは慎重にしたいものです。

Reverse

Key Words

難問	不適応
なかなか得られない結果	譲らない態度
ハンデのある状態	障害になるもの
進展の遅さ	消耗戦

- 不安な気持ちで結果を待つ
- 相手の言動に不安や不信を抱く
- もう自力では進めなくなり、結果を待つ状態
- 逆風が吹き荒れ状況が変わるまで待つしかない

ここまでくるのに、もう十分頑張ってきたようです。やるべきことはやり尽くした感があります。それでも状況がよくならないとしたら、それはそれとして冷静に受け止め、他の方法を考えるなり、別の角度から見る必要があるでしょう。また、ここで心身の消耗が激しくならないよう、自分を守ることも次なるステップに歩を進める大切なポイントになることを忘れないで。

ワンドの10

[Ten of Wands]

テン・オブ・ワンズ

Main Images

自らが抱えるワンドに押し潰されそうになっている人物が描かれています。これは、能力以上の荷を負っている、または負わされていることの象徴。このままでは前に進むことはおろか、立っていることもままなりません。自分の能力を客観的に見て、身の丈に合った判断と行動をすることが必要になってきます。

Positive

Key Words

苦難の道	欲張りすぎ
プレッシャー	放棄
力量不足	精神的重圧
分不相応	軋轢

- 今までのやり方を変えるべきタイミング
- 結果的にすべて放棄せざるをえなくなる可能性
- 自分自身の能力不足によって生ずる課題
- いつの間にかコントロールが利かなくなる

今のままのやり方、ペースではいずれ行き詰まってしまうでしょう。それでも頑固にこだわっていては、結局は何もかもを失いかねないことに。コントロールが利かなくなる前に、今までのスタイルややり方を変えるのが賢明です。最後に決めるのは自分自身。しっかりと自己の能力を見極め、何がベストかを考えて。そのうえでも ち上がった課題をクリアしていく努力が必要なのです。

Reverse

Key Words

ごまかし	対抗勢力
陰謀	難題
ダメージ	課題の放棄
出し抜かれる	外圧

- ダメージが大きく、立ち直るのに時間がかかる
- 踏み台にされて悔しい思いをする
- 試行錯誤を試みるが、なお不安が残っている
- 結局はうまくいかないのでは、と思って気が沈む

ストレスやプレッシャーといった圧力に耐えられなくなりそうなことを告げています。もうここで限界、という感じなのです。けれどここまで頑張ってきたのは確かですし、時間がかかったとしても、ここから徐々に気持ちも上向きになってくるでしょう。不安や苦しい思いは精神的な糧ともなるもの。その気持ちを忘れずステップアップしていく姿勢を大切にしましょう。

ワンドのペイジ

［Page of Wands］

ペイジ・オブ・ワンズ

Main Images

若い騎士見習いがワンドを見つめて立っています。彼は今まさに、何か発言しようとしているのです。まだ若いながらも意志が強く、信頼のおける人物であり、将来が期待されていて、味方や仲間にできたら心強いに違いありません。ただし若さゆえの未熟さには注意が必要になるかもしれません。

Positive

Key Words

信頼に足る人物	人懐っこい
意志が強い	気配り上手
忠実	優秀な部下や後輩
要領のよさ	伸びしろがある

- 安心して任せられる責任感の強い人物
- アシスタントとして類いまれなる才能を発揮する
- 穏やかな対応で周りを丸く収める能力がある
- 信頼を得てコネを築く才能がある

役割に忠実で、決して出しゃばることのないタイプ。同僚や仲間としてはもちろん、後輩や部下など目下の相手であっても、なかなかに使えるところが多く、仲よくなっておいて損はないでしょう。気配り上手で要領がよいので抜け目のないところもありますが、一旦信頼関係が築ければ簡単には裏切らない忠実さがあります。仲間が多い分、様々なところから情報を集めていそうです。

Reverse

Key Words

意志が弱い	ぶしつけ
不器用	一貫性がない
気まぐれ	錯綜する情報
未熟	応用が利かない

- 変わり身が激しく、信用できない
- 若気の至り的失敗の可能性
- ちょっとつまずくと、すぐに諦めてしまう
- 周りの状況や雰囲気で気分が変わりやすい

未熟で経験が浅いだけに、行動や発言に一貫性がありません。先輩など目上の相手にぶしつけな態度をとったり、言われた作業を最後までこなせないこともありそう。それは慣れないからと許されることではありません。不器用で応用が利かないなら、謙虚さや一生懸命さでそこを補う必要があります。ひたむきに頑張る姿があれば、多少うまくいかなくても誰も責めたりはしないものです。

ワンドのナイト

［Knight of Wands］

ナイト・オブ・ワンズ

Main Images

ワンドを手にした騎士が馬に乗ってどこかに向かおうとしています。躍動感あふれる馬の姿は、騎士の向上心や情熱、リーダーシップそのものを表しています。彼は、夢に向かって走りだしているのかもしれません。その先にどんなことが待っているのかは、彼自身の判断と行動にかかっているでしょう。

Positive

Key Words

熱血漢	快活な若者
向上心	革新的
臨機応変	落ち着きがない
リーダーシップ	熱しやすく冷めやすい

- 素早い判断力で物事を的確に進めていく
- 旺盛な独立心とチャレンジ精神を原動力としての行動
- 環境の変化や転居の可能性
- 困難を乗り越えた後に訪れる大きな成功

熱血漢で向上心があり、目標達成のためなら全力で行動するでしょう。臨機応変な対応ができますから、想定外の展開や急なアクシデントにも、臆することなく向かっていくでしょう。ただ落ち着きがなく熱しやすく冷めやすい面があり、興味の対象があちこち移ってしまうことも少なくありません。じっくりと腰を落ち着けてひとつのことに取り組む集中力が大切になります。

Reverse

Key Words

強硬派	身勝手な行動
衝動的	無鉄砲
生意気	偏見
分裂や解散	無作法

- 礼儀知らずな言動で評判を落とす
- 仲間割れのきっかけをつくってしまう
- あれこれ口を出すわりに、結果に結びつかない
- 自分勝手な行動で反感を買ったりチームワークを乱す

思ったことをストレートに口に出したり、目上の人にあいさつすらしないような無作法で礼儀知らずなところがあります。本人に悪気があるわけではないのですが、衝動的で無鉄砲なところがあり、どうしても周りの人は眉をひそめずにはいられません。そのひと言が波紋を呼び、仲間の分裂や解散のきっかけをつくってしまうことも。周りへの配慮や誠実な態度を心がける必要があるでしょう。

ワンドのクイーン

[Queen of Wands]

クイーン・オブ・ワンズ

Main Images

右手にワンドを、左手にヒマワリを持った女王が玉座についています。ヒマワリは朗らかさや華やかさを表し、女王の性格を投影しています。ヒマワリが常に太陽の方を向いているように、大切な相手を優しい包容力で包み込み、献身的に面倒を見るでしょう。ただそれが行きすぎて、いらぬおせっかいになることも。

Positive

Key Words

大らか	面倒見がいい
包容力	朗らか
華やぎに満ちている	聡明
感情豊か	橋渡しが上手

- 優しく頼りがいのある人物
- 人を安心させる包容力の持ち主
- 周りを丸く収めるリーダーシップがある
- リベラルな考え方で、うまく周りを説得できる

優しく頼りがいがあり、慕ってくる相手にはとことん世話を焼く、面倒見のいいところがあります。朗らかで常に周りを明るくするムードメーカー的一面があり、みんなをまとめる姐御肌(あねご)タイプといえるでしょう。ただ、感情豊かなだけに、ちょっとでも意に反することがある相手には厳しい態度をとることも。味方にできれば心強い反面、敵に回すと怖い存在になりそう。

Reverse

Key Words

依存心	ヒステリック
大ざっぱ	おせっかい
甘えん坊	出しゃばり
感情的	ひと言多い

- 感情の浮き沈みが激しく、周りを振り回す
- 気に入らないことがあると、すぐヒステリックになる
- よかれと思っての言動がありがた迷惑になりがち
- 自分の都合のいいように解釈する

明るく楽しいタイプなのですが、ちょっとしたことですぐ感情的になったり、ヒステリックになりがち。本人にしてみればよかれと思ってのことではあるものの、出しゃばりでひと言多いのも頭の痛いところ。付き合うには容易ではない面がありますが、一旦親しくなると身をていしてでも守ってくれるタイプでもありますから、相手のよさを見つけて仲よくしておきたいものです。

ワンドのキング

［King of Wands］

キング・オブ・ワンズ

Main Images

毛皮のマントを羽織り、ワンドを持ったキングが獅子とサラマンダーの文様が施された玉座についています。毛皮も獅子も権力を握る王者の象徴であり、火を司るサラマンダーはワンドのキングの属性である火を示します。強い影響力と威厳に満ちた姿が、あますところなく表現されているのです。

Positive

Key Words

頼りがいのある人物	強い影響力
権威	良心
情に厚い	風格ある人物
博学	先見の明がある

- 白黒はっきりさせて前進しようとする態度
- 重要な出会いがもたらされるタイミング
- 勇気ある行動で、より権威が強まる
- 多方面で周りから声がかかり、忙しくなる

博学で威厳に満ち、周りから頼りにされる頼もしい人物です。先見の明を持ち、強い影響力がありますから、多くの人の尊敬を集めます。白黒はっきりさせて前進していく姿は、痛快でもあるでしょう。半ば強引ともとれる態度に出る場合もありますが、それすら頼もしさを感じさせるポイントです。ただ高圧的な態度も度が過ぎると、周りに煙たがられることになりそうです。

Reverse

Key Words

横暴	すぐにかんしゃくを起こす
挑戦的な態度	偏見がある
暴力的	出し惜しみする
破壊	独断

- 勝手な行動に走って、周りをあきれさせる
- すぐ感情をあらわにして攻撃的になる
- 八つ当たりして周りに迷惑をかける
- 己の権力や強さを見せつけたい衝動にかられる

何か気に入らないことがあると、かんしゃくを起こしたり横暴な態度をとって周りに八つ当たりするようなところがあります。権力をかさに着てそのような態度に出れば、周りの人の心は離れていってしまうでしょう。挑戦的な態度で相手を潰しにかかるのもいただけません。権力をもつ者だからこそ、人と気さくに交わり、謙虚な姿勢を忘れないようにしたいものです。

ペンタクル

Suit of Pentacles

ペンタクル

ワンド

ソード

カップ

実利的な意味での物質的豊かさを表す

ペンタクルとは護符や紋章に用いられる五芒星形のことで、物の価値の象徴です。所有者のステータスを表したり、欲しい物の対価として支払われることから、地位や財力を誇示するための物、といえます。そのため金銭や財産の象徴として扱われ、デッキによってはコイン（Coin、硬貨）として表現される場合があります。

しかしペンタクルは単に金銭を象徴するだけの物ではありません。というのも「物の価値」に対する考え方には、人によって大きな差があるからです。もちろん金銭の価値に重きをおく人は少なくないでしょう。が、それ以外の物、たとえば代々受け継がれた品物などに価値を見いだす場合も多いからです。とはいえ、ペンタクルの示す価値とは精神的な物ではなく、あくまでも実利的な物。物質面での豊かさを表す場合が多いでしょう。なお、このスートはペンタクル、コインのほかディスク（Disk、円盤）と表されることもあります。

ペンタクルのエース

[Ace of Pentacles]

エース・オブ・ペンタクルス

Main Images

美しく手入れされた庭園の天空、雲から突き出た手にはペンタクルがあります。このペンタクルは金銭のみならず物の価値の象徴であり、豊かさを示すものです。また、手入れの行き届いた庭園は人間の理性や計画性を表しますから、整った基盤の上に築かれる安定した豊かさが見て取れるでしょう。

Positive

Key Words

物質的繁栄	利益
満足感	安定
手応え	満たされた状態
富	価値

- 心身の調和がとれたバランスのよい状態
- 安定的に確かな成果があがる
- 愛情や人間関係がしっかりと育っていく
- 現実を踏まえたうえで、夢や目標をもつ

心身のコンディションが良好で、目標達成へのしっかりとした手応えを感じられる時。それによって利益や繁栄がもたらされるでしょう。ただ、そうなるには現実を踏まえた正しいロードマップが必須です。ペンタクルのエースは、その成功への道筋が明確になってきたことを示します。後は計画性をもって、その道を進むのみ。行動の先には確かな成果が待っているでしょう。

Reverse

Key Words

ルーズ	強欲
失敗	生産性に欠ける
基礎や基本の欠如	虚しさ
浪費	満たされない思い

- 金銭面のルーズさからトラブルを招く
- もともと無理だった、ということに気づく
- 才能を発揮するチャンスに恵まれない
- 成功したはずなのに、どこか虚しさが残る

逆位置になるとペンタクルのもつ地のエネルギーが不完全燃焼を起こし、いたずらにエネルギーを浪費し、生産性に欠ける状態にあることを示します。そして手のひらにのったペンタクルは手のひらを裏返すと地に落ちてしまうように、満たされない思いが募るでしょう。今一度、基本や基盤を見直し、目先の欲にとらわれず、しっかりと地に足をつけた考え方をする必要がありそうです。

ペンタクルの2

［Two of Pentacles］

トゥー・オブ・ペンタクルス

Main Images

インフィニティー記号のような形のひもの中に2つのペンタクルがあり、それを器用に操る人物が描かれています。このペンタクルが落ちないように操るには、絶妙なバランス感覚が必要でしょう。しかもペンタクルが入れ替わる上下運動が延々と続くことを、このひものインフィニティーの形が表しています。

正位置

Positive

Key Words

バランス感覚	浮き沈みがある
器用	その場限り
気さくな雰囲気	移り変わり
適応力の高さ	価値の変動

- その場に応じて相応しい振る舞いができる
- 状況の変化を逆手にとって成功する
- いつまでも同じではない、という警告
- 気持ちに余裕がある分、言動にもゆとりがある

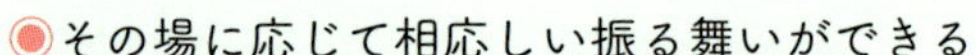

適応能力が高く、その場に相応しい振る舞いができるでしょう。気持ちにゆとりがあるだけに、堂々とした言動ができますから、何事につけても成功の可能性が高まります。気さくな雰囲気で器用に立ち回れますから、周りを味方につけることもできるのです。ただ状況は刻々と移り変わり、価値観も変動していきます。その変化を敏感に読み取る力も要求される暗示です。

逆位置

Reverse

Key Words

いい加減	油断が招く失敗
無責任	期待を裏切られる
周りに流されやすい	コミュニケーション不足
価値観のズレ	無理強いされる

- 不用意な発言で周りにいい加減な印象を与える
- 正確な価値判断ができず、どこかズレている
- いい加減な対応が災いしてトラブルを招く
- 楽しくもないのに、無理に楽しそうに振る舞う

心の隙や油断から、いい加減な態度をとったり無責任な発言をしがちな兆しです。いうまでもなく、それが失敗やトラブルの原因になるでしょう。本当に自分の価値観や考えは正しいのでしょうか。そこのところから、改めて見直す必要がありそうです。周りの人に対して誠実な対応を心がけることはもちろん、自分の気持ちに嘘をつかない、ということが大切なのを忘れずに。

ペンタクルの3

[Three of Pentacles]

スリー・オブ・ペンタクルス

Main Images

僧侶や建築家の指示を受けながら作業する石工の姿が描かれています。1人の石工に2人の監督、という構図から、若い石工はまだ見習いで、教会の仕事も経験が浅いのかもしれません。が、熱心に話を聞いている様子から、今後経験を積んで、専門技術や熟練の技を見つけていける向上心が感じられます。

Positive

Key Words

収穫	ライフワーク
一歩前進する	専門技術
継承	熟練の技
学習する	進化

- 少しずつではあるが、着実に実力がついていく
- 技術に磨きがかかってステップアップできる時
- 経験を積むことで自信がつき周りにも認められる
- 自分なりにベストを尽くし納得の結果を得られる

着実に実力をつけ、ステップアップしていけることを表します。少しずつではあっても、経験を積むことで技術や能力が上がってくるのです。今取り組んでいることに成果が見えてきたり、進歩していく兆しがありますから、これまで以上に努力を重ねたいところです。また、新しい技術を身につけるなど、スキルアップの心がけが功を奏するでしょう。焦らず、確実な一歩を大切に。

Reverse

Key Words

未熟	手抜き作業
ずさんなやり方	力不足
不満	半人前
経験不足	未完成

- 経験不足から門前払いされてしまうような展開
- 楽な方法を模索して、結局はうまくいかない
- 力不足によって未完で終わってしまう可能性
- 判断を下すには、まだ早い段階

経験不足や力不足を痛感する兆しです。また、手抜きやずさんなやり方に対する警告の意味合いもあります。いずれにしても、そこから生み出されるのは納得のいくものからはほど遠いでしょう。自己の未熟さや半人前であることを謙虚に受け止め、誠実な取り組みを心がける必要があります。これからが、真価の問われるところ、ということを忘れずに。自分の可能性を大切にしたいもの。

ペンタクルの4

[Four of Pentacles]

フォー・オブ・ペンタクルス

Main Images

頭上、懐、足元とできうる限りのところにペンタクルを抱え、離さない人物が描かれています。そこには大切なものにしがみつき、絶対に手放さない、という強い守りの姿勢と執着が見て取れます。この姿を滑稽と笑うのは簡単ですが、大切なものを守りたい気持ちは、誰もが持っているものだといえるでしょう。

Positive

Key Words

安定を維持する	経営手腕
守りの姿勢	固執
所有	経済的成長
ビジネスの拡大	安全性

- 経済力に恵まれ可動範囲が広がる
- 安全な方向を見定めて前進する
- しっかりとした生活基盤を築こうとする
- 安定を確保しての前進で、成功を強固にする

仕事や経済面はもちろん、生活全般の運営手腕や安定の維持を示しています。金銭にこだわりすぎたり、守りに固執するのは問題があるとしても、しっかりとした生活基盤ができてこそ気持ちにゆとりが生まれ、何事にも精力的に取り組めるというものです。ペンタクルの４は、経済的成長や安定を維持しての成功を表しますから、今後の仕事や生活全般にとってのよい兆しとなるでしょう。

Reverse

Key Words

値踏みする	私利私欲
無遠慮	利益優先
欲深さ	私腹を肥やす
物欲	金銭への執着

- 利益優先のやり方が招く思いがけない結果
- 財産が少しでも目減りするのが許せない
- なりふり構わず利益を追求する姿勢
- 欲深くなり、かえって経済的損失を被る

もっともっと、と今ある分では飽き足らず、どんどんため込もうとする欲深さを表します。金銭にしても物にしても、ある程度は余裕があった方が安心なのは心情でしょう。けれども、度を越した欲求は強欲さをエスカレートさせるばかりで、心のゆとりからはかけ離れてしまいます。またそれで無遠慮になるなど、周りとの関係悪化の原因にも。節度ある姿勢を心がけたいものです。

ペンタクルの5

[Five of Pentacles]

ファイブ・オブ・ペンタクルス

Main Images

雪の中、ステンドグラスが施された教会と思われる建物の前を通り過ぎる、痛々しい姿の２人の人物が描かれています。この様子から貧困や困窮した状況が示されていることがわかります。が、それだけではないのです。もしふたりが教会に気づき、救いを求めたとしたら、その後の展開は変わるかもしれません。

正位置 Positive

Key Words

不足した状態	喪失
貧困	借金
経済難	失敗
欠乏	計算違い

- 自分だけ辛い思いをしているように感じる
- 必要なものが不足して気持ちにゆとりがなくなる
- 助けてほしい相手からの援助は期待薄の状態
- 欲しい物は手に入らず、別の物がもたらされる

計算違いや失敗などから、大切なものが不足して困窮した状態に追い込まれる可能性を示しています。大切なものとは、実体のあるもの全般を指しますから、金銭や物品だけでなく恋人や友人、家族、時によっては自分の健康やキャリアなどにまで及びます。いずれにしろ、誰しも失いたくはないものです。自分にとって、それが何で、どうしたら守れるか、再考する必要があるでしょう。

逆位置 Reverse

Key Words

困窮	キャパオーバー
多重債務	失職、失業
経済難	保護の必要性
経済的ダメージ	債務超過

- 何かを得るにはそれなりの代償が必要になる
- 経済的不安定さからくる失敗
- どうしても助けてほしい切羽詰まった状況
- 努力しても間違った方法ではうまくいかない

逆位置になっても困窮や欠乏を示すのがペンタクルの５です。さらにそのうえ、助け舟が期待できない、つまりステンドグラスの窓の教会に気づくことなく通り過ぎてしまうことを表しています。となると、頼りになるのは自分だけ、ということになるでしょう。あなたの人生の主役は、あなた自身です。誰かに援助を頼むことなく己の力で幕を開けるしかないことを忘れずに。

ペンタクルの6

[Six of Pentacles]

シックス・オブ・ペンタクルス

Main Images

天秤を持った人物が、人々にお金を分け与えている場面が描かれています。成功者がそうでない者に金品を分け与える。それは至極当然のことで、受け取る者は経済面で潤い、分け与えた者はその引き換えに精神的な充足感を得る、互いが何かを得ることができる、その関係は上下ではなく、対等なのです。

正位置

Positive

Key Words

親切心	正義感
慈善活動	良心
公平	寛大
博愛	成功のきっかけ

- 互いに相手を思いやりウインウインの関係を築く
- 公平で対等な関係を大切にして成功を得る
- 妥当な要求であれば聞き入れられる可能性が高い
- 成功に向かうロードマップを歩めている兆し

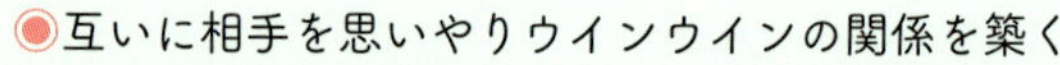

とかく人間関係には優劣や上下がつきやすいものです。が、互いに相手を尊重し、思いやる姿勢が大切だということを告げています。特に与える者が優位に立ち、受け取る者が卑屈になるような関係では、いずれ行き詰まってしまうでしょう。良心に則った公平で対等な関係を築くことこそが成功への鍵になるのです。そこには正当な評価や判断、バランス感覚が大きく介在しています。

逆位置

Reverse

Key Words

利己的	建前重視
過酷な労働環境	交渉の決裂
おせっかい	保身
水面下の変化	偽善

- 成功にこだわりすぎて逆にチャンスを逃す
- 一方的な立場や主張がもたらす損失
- バランスを失って悪い方向へと転がる可能性
- 努力への対価を受け取ることができない状況

一方的な主張やバランスの悪さから、公平性や対等性が失われ、そこにトラブルや軋轢が生まれることを告げています。片方が搾取され続け、不利益を被るような関係は不健全なだけでなく、そこに大きなストレスがかかり、大問題に発展していく恐れを含んでいるもの。自分の利益ばかりを考えての言動は危険をはらんでいる、ということを忘れずに対等で正当な姿勢を心がけたいものです。

ペンタクルの7

[Seven of Pentacles]

セブン・オブ・ペンタクルス

Main Images

自ら育てたであろう作物を、農具にもたれかかって眺める人物が描かれています。たわわに実った作物を見つめる表情は決して明るいものではなく、むしろ不満げです。作物がペンタクルで表現されているだけに、この人物は、収穫したらどれだけのお金になるのだろうか、と値踏みしているのかもしれません。

Positive

Key Words

心配しすぎ	不満の蓄積
進展の途上	目先の利益
節目	欲が先行する
うぬぼれ	無気力

- 現状に満足せず、もっともっとと求める気持ち
- 頑張りに対して成果が現れないことへの不満
- ほかにすべきことがあるのではないか、という警告
- 自己の能力を正当に評価できていない状態

今の状況に満足していないことを表しています。もっとできるはずだった、こんなだとは思わなかった、この程度だなんて、などなど、うぬぼれも含む不満が見え隠れします。ただそこに客観的視点はなく、あくまでも自分で感じたイメージ。それでがっかりして無気力になったのでは、できることも見逃してしまいます。冷静な判断力と、現状の不満を打開する行動力が必要なのです。

Reverse

Key Words

損得勘定	やりかけの仕事
口先だけの発言	努力不足
想定外の展開	再チャレンジ
不利な状況	ふがいない状態

- わりの合わない働きをさせられる
- 完璧を求めつつ、それに見合った行動ができない
- ふがいなさを痛感して落ち込んでしまうような展開
- プロセスより結果重視になって行き詰まる

逆位置でも現状に満足していない状況に変わりないのが、ペンタクルの7です。さらに口先だけの発言や行動の伴わなさが加わりますから、ますます状況を改善できそうにないでしょう。今がどうだとしても、私たちは先に進まねばなりません。どうせ前進するなら、向上心をもって意欲的に進みたいもの。それが将来の笑顔につながります。まずは気分転換や方向転換を考えてみましょう。

ペンタクルの8

[Eight of Pentacles]

エイト・オブ・ペンタクルス

Main Images

職人が仕事に集中しています。一心に道具を振るって制作しているのは、ペンタクルそのものであり、これは勝利者に与えられるメダルやトロフィーに相当します。少しずつこつこつと作り上げていく努力の尊さを見せられているかのようです。そして、その努力の先には卓越した技術の獲得があるでしょう。

Positive

Key Words

徒弟制度	集中力
技術の向上	準備段階
修行の大切さ	期待
技術習得の時	長期計画

- 迷いが消えて目標に向かって集中できる兆し
- 技術や才能を伸ばす環境やタイミングが整う
- 時間をかけてじっくり取り組む覚悟ができている
- 地道だが、着実に能力が身についてくる

技術を習得し能力を高めようと思ったら、何をするにも相当の努力と時間が必要です。その途上で嫌になったり諦めたりする人も少なくないでしょう。ペンタクルの８は、膨大な時間をかけてたゆまぬ努力をすることの大切さを告げています。地道な努力の継続こそが、着実に能力を身につける唯一の方法であり、それを成し遂げられるかどうかは、自分自身にかかっているのです。

Reverse

Key Words

単調で退屈な事柄	まがい物
マンネリ	怠惰な態度
二番煎じ	延滞
大ざっぱ	技術不足

- 楽をしようとして逆にうまくいかない
- 才能や能力を損なうような行為への警告
- 自分はダメなのではないか、という気持ちになる
- 目先の利益に気をとられて、先が見えていない

逆位置になると、向上心やモチベーションのダウンを表します。訓練や単純な繰り返しが退屈になったり、自分にはできないのではないか、ダメなのではないか、と自信をなくして不安になったり。せっかく素質はあっても、磨かなければ結果は出せないのに、その道を見失いかけているのかもしれません。ここをどう乗り越えるかが、今後の大きな課題になってくるでしょう。

ペンタクルの9

［Nine of Pentacles］

ナイン・オブ・ペンタクルス

Main Images

荘園の庭に鳥を手にした人物が佇んでいます。この人物は荘園の領主に逗留を許された特別なゲストと考えられます。何かしらの才能を認められ、領主がパトロンとして援助している、との解釈も。人を魅了する才能と、その才能を上手に発揮できれば、実り豊かな時間の享受が可能なことを表しているのです。

正位置 Positive

Key Words

才能	スポンサーの出現
出世、昇進	有効な支援
ステップアップ	大望が叶う可能性
抜擢される	強力なサポーター

- 力のある人物に気に入られ、後ろ盾を得られる
- 夢や目標を実現するチャンスの到来
- 思ってもみないタイミングでの抜擢
- 実力や才能を認められて注目される

夢の実現やステップアップのチャンスに恵まれる兆しです。才能や素質を認めて支援してくれる人物が現れたり、周りの応援を得られる時。また、良縁に恵まれる可能性も。そこには自分自身の努力が必要なのはもちろんですが、と同時に幸運な巡り合わせや出会いがもたらされる予感があるのです。ただ、幸運の神様には前髪しかないといいます。幸運を逃さない素早い行動が肝要です。

逆位置 Reverse

Key Words

ライバル	権利の失効
打算	支援の打ち切り
自信喪失	信用をなくす
偽りの気持ち	消失

- ライバルに差をつけられて焦りが生まれる
- 過去の失敗が気になって自信がもてない
- 手段を選ばないやり方への警告
- 契約の無効や権利消失の恐れ

実力がなかったり、なかなか才能が花開かなかったりして自信を失ってしまいそうです。うまくいかなくて契約までこぎつけない、権利を失ってしまう、信用をなくすなど落胆する展開も。また、ライバルの出現によって地位を脅かされる場合もあるでしょう。どのような判断がベストな選択か、周りのアドバイスを参考にしたり、己の能力を冷静に見つめて考える必要がありそうです。

ペンタクルの10

[Ten of Pentacles]

テン・オブ・ペンタクルス

Main Images

若夫婦とその子ども、犬たちとともに屋敷の大きな門の前でくつろぐ家長の姿が描かれています。大きな門のある立派な屋敷、三世代にわたる家族の系譜、忠実さを象徴する犬。人生における成功と、その財産がしっかり継承されていくことが容易にイメージできる構図はひとつの達成、ゴールラインを表しています。

Positive

Key Words

ゴールライン	資産管理
相続、継承	家柄
蓄財	ギフト
レガシー（遺産）	達成

- 十分な利益や豊かさを実感できる兆し
- 努力によって成功を引き寄せられる時
- 充実したライフスタイルに近づける兆し
- 財産や遺産を引き継ぐことができる資格

いくら巨万の富を得ようとも、多くの資産を築こうとも、それを共に喜び分かち合う相手がいなければ、かえって虚しいだけかもしれません。ペンタクルの10は、蓄財や資産管理などの財産に関する事柄と、それが相続、継承されていくことを表します。ただ、財をなし管理するだけでなく、上手な運用も鍵になるのです。レガシーを継承するだけの資格をも問われているでしょう。

Reverse

Key Words

土台の脆弱さ	怠慢
達成不能な事態	損失
亀裂	未完に終わる可能性
ペナルティー	予算のカット

- 維持管理ができずに大切なものを失ってしまう
- 結果的にマイナス成長に転ずる可能性
- 基本や土台がなっていないことからくる失敗
- 経済的な体力不足による打ち切り

逆位置になると遺産や相続の規模が縮小されたり、損失が出る可能性が示されます。また、達成できない目標、取り組みが未完に終わるなど、最後まで成し遂げられない物事を表す場合も。ただ、だからと嘆いてばかりでは何も始まりません。ここからがスタートライン、心機一転して頑張ろう、新たな基盤を築いていこう、という気持ちがあれば、この状況を好転できる可能性が。

ペンタクルのペイジ

［Page of Pentacles］

ペイジ・オブ・ペンタクルス

Main Images

騎士見習いが両手で捧げ持ったペンタクルをじっと見つめています。このペンタクルに秘められた力について探求しようとしている勤勉さが見て取れるでしょう。その集中力は人一倍で、彼の探究心をもってすれば、様々なことが解き明かされそうです。彼はまさに、有望な若手といえるでしょう。

Positive

Key Words

管理能力	堅実な行動
集中力	信頼感
真面目	探究心
勤勉	有望な若手

- 目立たないながら、高評価を受ける
- 真面目さや勤勉さで未来が拓(ひら)けていく
- 突然の申し出や招待から好転する
- しっかりキャリアを積み上げる有望な若手

決して派手に目立つタイプではありませんが、探究心があり物事に真面目に取り組む堅実さ、勤勉さの持ち主です。それだけに周囲からは高評価を受けるでしょうし、自力で未来を切り拓いていく実力も備えているでしょう。しっかりと経験を積み、キャリアを築いていけるのです。管理能力と集中力に長けていますから、周りに振り回されることなく、己の道を一途に突き進みます。

Reverse

Key Words

スランプ	怠惰な毎日
狭量さ	低迷
不適切な言動	適応能力の低下
世間知らず	実力不足

- 実力が伴わず、計画や進路の見直しを迫られる
- 損得の判断ができずに損失を招いてしまう
- 反省や改善が見られず、進歩が見込めない
- もう一度勉強や研究をやり直す必要がある

逆位置になると勤勉さや探究心が損なわれ、適応能力の低下や怠惰さ、実力不足を表すことになります。そのため反省や改善が見られず進歩が見込めなかったり、実力不足からの計画や進路の見直しを迫られることに。その状況を打開するには、一度基本に立ち返って、勉強をはじめ大切なことをやり直す必要があるでしょう。うまくいかない時こそ、謙虚さや基本を大切にしたいものです。

ペンタクルのナイト

[Knight of Pentacles]

ナイト・オブ・ペンタクルス

Main Images

黒馬に跨った騎士がペンタクルを手にし、遠方を見据えています。どっしりと重厚感のある黒馬は、その乗り手の性格を投影しており、この騎士が不屈の精神をもった信頼に足る人物であることがわかります。しっかりと大地を踏みしめ、確かな歩を進める騎士は、用意周到に勝利を勝ち取るでしょう。

正位置

Positive

Key Words

責任感	信頼に足る人物
粘り強さ	用意周到
切れ者	的確な行動
不屈の精神	効率のよさ

- 誠実なうえに的確な対応によって信頼を勝ち取る
- 適材適所を心得た判断ができる
- 一定の進展は見られるがまだ油断できない
- 試行錯誤しつつ確実に実力をつけていく

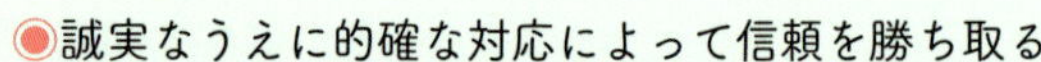

粘り強く責任感があり、適材適所を心得た判断ができるので、他者との競争や戦いでは類いまれなる能力を発揮できるでしょう。たとえ戦況が劣勢に傾いても、そこから不屈の精神で立ち上がっていく生命力の持ち主です。試行錯誤しつつ確実に実力をつけていくので、多少の困難やハードルはプラスに作用します。ただ、まだまだ万全というわけではなく、さらに研鑽(けんさん)を積む必要も。

逆位置

Reverse

Key Words

無関心	無自覚
不規則	見当外れ
考えなしの行動	無遠慮
不注意	無責任

- めりはりのないダラダラした生活への警告
- 何とか労せずに実を取ろうと画策する
- 不注意な言動で周囲の失笑を買う
- 見当外れではないか、と内省する必要性

不注意で無責任なところがあり、考えなしの行動で失敗したり周りの信頼を失う恐れが。楽をして結果を出そうとするような姿勢から、行動が裏目に出る場合も少なからずありそうです。確かに誰しもしなくていい苦労ならしないでおきたいでしょう。けれども、労せずして手に入れられるものには限界があります。まずは己の考えや行動は見当外れではないか、今一度内省を。

ペンタクルのクイーン

[Queen of Pentacles]

クイーン・オブ・ペンタクルス

Main Images

バラのアーチの下、女王が玉座についています。膝のペンタクルをじっと見つめ、何か思索に耽っている姿は知性を感じさせ、その優しいまなざしは庇護や包容力、癒やしや安らぎをも示します。アーチに咲き誇るバラは崇高な精神性の象徴であり、女王の内面を投影し、その言動には周囲の共感を得る説得力があります。

Positive

Key Words

癒やしや安らぎ	多才
共感を得る言動	豊富
庇護、包容力	知性
奉仕と慈悲	生育や保育

- ◉頑張ってきたことに少しずつ成果が現れる
- ◉人のための行動が自分のプラスになる
- ◉周りの人に支持されるだけの人望を得る
- ◉じっくり育てる資質があり、成功を得やすい

包み込むような優しさで見守って、癒やしや安らぎを与えてくれる安心できる人物。人材はもちろん、何を相手にしても上手に育てる資質があり、それが自らのチャンスや成功にもつながる行為となります。相手の立場を考えた言動は共感を得やすく、自然と周りの人が慕って集まってくるでしょう。この人と一緒なら大丈夫、この人のためになりたい、と思わせる雰囲気があります。

Reverse

Key Words

疑い深い	気難しい
偏屈	依存心が強い
不確実	深読みする
疑念	思い込みが激しい

- ◉用心深くなりすぎて、逆に騙される
- ◉人を寄せつけない偏屈な態度でチャンスを逃す
- ◉不安を払拭しようとする行動が逆に不安を生む
- ◉伝統やしきたりを無視しての失敗

逆位置になると感情がエスカレートしやすく、勝手に深読みしがちな思い込みの激しい偏屈な面が表に出やすくなります。何でも疑ってかかるような過度の用心深さが、人を寄せつけない雰囲気をつくり出しているでしょう。かと思うと、何かにつけて人をあてにするような依存心の強さも見受けられます。いずれにしろ、周囲から煙たがられる原因をつくりやすいだけに注意が必要です。

ペンタクルのキング

［King of Pentacles］

キング・オブ・ペンタクルス

Main Images

右手に王笏を左手にペンタクルを持った王が玉座についています。ペンタクルの王は、小アルカナの４スートの王の中で、最も派手で豪華で立派な装束を身につけています。それはペンタクルが物質的豊かさを象徴しているからにほかなりません。そして王の表情に晴れやかさはなく、幾分もの憂げなのが印象的です。

Positive

Key Words

成功者	有識者
スポンサー	影響力
指導者	堂々とした態度
実績	物質面での豊かさ

- 自然と周りに人が集まってくる人望がある
- 名実ともに世に知られるだけの実力がつく
- 堂々とした態度で堅実な対応をする
- 豊かな経験や人脈によってもたらされる成功

堂々として風格があり、周りを引っ張っていく指導者的立場の人物です。積極的に行動を起こし、着々と実績をあげていくだけの力量がありますから、自然と周りに人が集まってきやすく、強い影響力をもつことになるでしょう。ただ成功者につきものの強引さや尊大さも見受けられます。成功はひとりで成し遂げられるのではない、多くの人の協力あってこそ、ということを忘れずに。

Reverse

Key Words

権力の悪用	権力への執着
強すぎる影響力	不正
腐敗	名誉の失墜
品格に欠ける態度	評判を落とす

- 経済力に物を言わせて思い通りにしようとする
- 過去の栄光にすがりつく
- 地位や権力はあるが品格に欠ける
- 地位を利用しての不正に手を染める可能性

逆位置になると、その権力や影響力が悪い方へと作用しがちです。経済力に物を言わせて思い通りにしようとしたり、どんな手を使ってでも有利な立場を得ようとするなど、地位を利用しての不正に手を染める可能性も。どれほど成功しても、膨大な権力を得ようとも、品格に欠けるようでは人間としての資質を問われるところ。天に恥じない言動を忘れないのが肝要です。

ソード

Suit of Swords

ソード

ワンド

ペンタクル

カップ

文字通りもろ刃の剣となる道具

ソードとは剣や刀のことで、対象物を斬りつける武器としての道具を表します。ワンドが何の加工もされていない木の棒であるのに対し、ソードは金属を加工して作られた人工的な道具。そのことから、人間の進化を象徴しています。

便利に快適に生き抜くため、知恵を絞ってソードという道具を見いだした人間たち。それは後にさらに便利な道具の開発へとつながっていくと同時に、言葉を共有することで相互理解を図り、協力し合い、絶対的な進化の道をたどる、その第一歩でもあります。しかし、その鋭い切っ先は物や動物にだけでなく、時に同じ人間にも向けられます。己の立場を優位に保ちたい、繁栄したい、という飽くなき欲望が便利な道具である剣や刀を恐ろしい武器へと変えてしまうのです。ソードは進化にとって欠かせない物でありながら、己をも滅ぼしかねない恐ろしい武器であることを認識する必要があるでしょう。

ソードのエース

[Ace of Swords]

エース・オブ・ソーズ

Main Images

雲から出た手が剣を握っています。ソードは金属を加工して作られた人工的な道具であり、人間の進化の象徴です。その剣の切っ先を王冠が囲んでおり、尊い進化を祝福しているかのようです。けれども進化は人々に幸せだけでなく、もめ事や争いをもたらすこともあります。まさに剣がそうであるように。

Positive

Key Words

社会的地位	野望を達成する
キャリア	承認を得る
決意	逆境からの再起
シビアな状況	主義を貫く

- 自分の考え方ややり方が周りに受け入れられる
- 緊張感のある状態に耐える
- 努力には、それに見合った成果がもたらされる
- 迅速で効率的な行動が成功を招く鍵になる

強い決意とともに望みを達成していくことを示します。それには血を吐くような努力を強いられるかもしれませんが、それだけの覚悟が必要なのです。自己の野望を達成する可能性を秘めていますから、その先にはキャリアアップや社会的地位の確立も。また、逆境からの再起も示されており、今辛い立場にあったとしても、頑張る価値はあるでしょう。全力で向かう姿勢が肝要です。

Reverse

Key Words

コミュニケーション不足	判断ミス
ネガティブな考え	目的を見失う
誤算が生じる	危機に直面する
破滅につながる言動	考えなしの行動

- 妨害や反対によって苦難を強いられる
- 人を厳しく非難する態度が自分に跳ね返ってくる
- ちゃんと伝えなかったことでトラブルや誤解が生じる
- 考えなしの行動によって破滅を招く兆し

逆位置になってもソードのエースのシビアな意味合いには変わりありません。が、パワーそのものは弱まり、ネガティブ要素が強まるため、失敗や誤算、妨害などトラブルの種が増えることになるでしょう。どのような状況にあっても、強い意志をもち、自分の立ち位置を見失わないよう冷静な判断を心がける必要があります。困難にぶち当たった時こそ、感情のコントロールが大切です。

ソードの2

[Two of Swords]

トゥー・オブ・ソーズ

Main Images

目隠しをされた人物が2本の剣を交差して捧げ持ち、椅子に座っています。この状態を保つのは至難の業であり、そこには張り詰めた緊張感が漂っています。目隠しがこの状態を保つのを、さらに困難にしています。この過酷な局面を乗り切るには均衡を崩さず、どうすべきかを真剣に考える必要があります。

Positive

Key Words

膠着状態(こうちゃく)	相手の出方を見る
緊張が張り詰める	場当たり的
均衡を保つ	関係性のねじれ
行き詰まる	相殺

- 情に訴えても何の効果も成果も得られない
- 突き詰めて考えすぎて自分を追い詰めてしまう
- 利害が一致することで味方が増えていく
- 場当たり的対応しかできないなら静観が賢明な時

人生には様々な難しい課題が投げかけられます。ソードの2は、そうした難しい課題に真剣に取り組み、強い気持ちでクリアしていく必要性を示しています。ここでは場当たり的な対応は通用しません。しっかりと考え、準備して乗り越えなければならないでしょう。それができなければ、できるようになるまで静観するのが賢明です。最良の選択肢が求められているのです。

Reverse

Key Words

誤算	自制できない
均衡が破られる	見切り発車
事態が動き出す	タイミングが合わない
停滞から抜け出す	攻撃に転じる

- 均衡が破られ、事態は一気に動き出す
- 考えを行動に移すタイミングを間違えやすい
- 自制心が欠如して歯止めが利かなくなる
- 自分に都合よく判断しがちなことへの警告

逆位置になると、膠着状態が解かれ物事が動き出すことが示されます。ただそこでご都合主義に走ったり、よく考えもしないで不用意に行動したのでは、逆に状況を悪くするばかりです。停滞していたことが動き出すタイミングに心の準備が間に合わないと、取り返しのつかないことになりかねません。どんな状況でも自制心を利かせて冷静な判断を心がけて。見切り発車は禁物です。

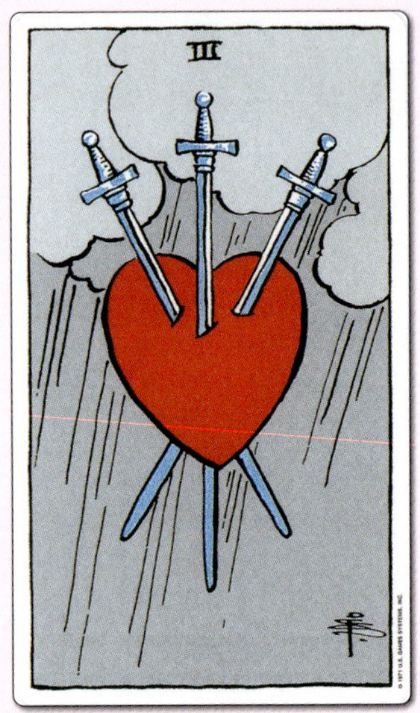

ソードの3

[Three of Swords]

スリー・オブ・ソーズ

Main Images

厚く雲が垂れ込め雨降る中、3本の剣がハートを刺し貫いています。ハートは心臓の形を模した図像であり、心や心情、感情、愛情など人の最も大切な部分の象徴です。剣に刺し貫かれている状態は、大変な苦痛や悲しみを表します。それも、どうしても避けて通れない深い苦しみや悲しみを示しているのです。

正位置 Positive

Key Words

悲しみ	衝撃
傷心	絶望
別離	嘆き
涙	苦悩

- 苦しみから張り裂けそうな思いを味わう
- 気持ちをわかってもらえず、悲しみが募る
- どうしても避けて通れない悲しみに直面する兆し
- 望むものは手に入らず願いは叶わないと感じる

人生には様々なことが起こります。嬉しいことや楽しいこと、苦しいことや悲しいこと、そのどれもが訪れるわけで、どれかを望み、どれかを拒絶しようと思っても、そういうわけにはいきません。ソードの3は、その中でも避けて通ることのできない悲しみや苦しみを表します。ただ、避けて通れない悲しみや苦しみにじっと耐えることで、強い心を手に入れられるのかもしれません。

逆位置 Reverse

Key Words

混乱	別離
離散	回復には時間がかかる
間違い	傷口を広げる行為
困惑	過去を引きずる

- 心をかき乱されるような事態に、なす術もない
- 事態をより深刻に受け止め対処する必要がある
- 誰のせいでもないのに、逆恨みしてしまう
- 悲しみに向き合うことで徐々に回復する見込み

逆位置になると、ハートを下から突き上げるように刺し貫く形になることでわかるように、正位置よりもさらに深く傷を負うことになったり、傷口を広げる予感があります。つまり、より深刻な状況がもたらされることを示しているのです。それだけ辛い思いをする可能性があるわけですが、そこから見いだせる優しさや幸せもあるはず、と信じて人生の歩を進めるのが賢明でしょう。

ソードの4

［Four of Swords］

フォー・オブ・ソーズ

Main Images

蓋の部分に横たわる騎士の彫像が施された棺（墓石）の脇に1本の剣が並行して置かれ、その棺の上部の壁には、3本の剣が掛けられています。その3本の剣の脇にはステンドグラスのはまった窓が見えますから、この棺は教会に安置されているようです。誰もその安らかな眠りを妨げる者はいないでしょう。

Positive

Key Words

待機	休息
休戦	一時的な非難
充電期間	静止
回復	謹慎

- 心身の回復のために充電期間が必要になる
- 休息や休養をとることで、再び元気を取り戻す
- 突き進むばかりでなく、立ち止まることが大切
- 立ち止まることが、問題解決の近道となる

どんなに強靭な肉体を持った人でも、休みなく動き続けることはできません。必ず休養すべき時がやってきます。それまで頑張ってきた人ほど、しっかりと休む必要があるでしょう。ソードの４は、心身の回復を図るべく休息や休養をとる必要があることを表しています。突き進むばかりではなく、時には立ち止まることが大切であり、そうすることが問題解決の近道となるでしょう。

Reverse

Key Words

休めない	予定外の停滞
追い込まれる	急ブレーキ
休むペースがつかめない	無駄に休んでしまう
衰弱しやすい	無理に休む

- 休みたいのに休めず、動けるのに休んでしまう
- 休養のはずがダラダラして、逆に消耗する
- 休めない状態が続いて心身ともに弱る
- 焦燥感にとらわれて、うまく休めない

逆位置になると、休養のタイミングを逸してしまうことを表します。休みたいのに休めない、いつ休んだらいいかわからなくなる、というように。また、せっかくの休養がかえって疲れる原因になったり、ダラダラしてばかりでうまく休めない、という状況を示す場合も。つまり休養が本来の機能を果たせず終わってしまうことを示しているのです。実のある休養を心がけるのが大切です。

ソードの5

[Five of Swords]

ファイブ・オブ・ソーズ

Main Images

前方に不敵な笑みを浮かべて剣を集める人物が、その後方には肩を落として去りゆく2人の人物の後ろ姿が描かれています。前者は戦いに勝った者であり、後者は負けた者であることがわかります。その険悪な雰囲気を象徴するかのように、空には大きな灰色の雲が広がってきている様子が描かれています。

Positive

Key Words

不名誉	暴言
破壊行為	傷つけ合う行為
悪意	更迭
嫌悪感	追及の手を緩めない

- 自分が優位に立つことばかりを考えている状態
- 露骨に嫌悪感をむき出しにする
- 好き嫌いがはっきりと分かれる
- 争い事を起こす。または巻き込まれる

争いは勝敗にかかわらず双方が傷つく行為です。勝ったからと、無傷では済まされません。人間には競争心や闘争心が備わっており、人の優位に立ちたい、相手を打ち負かしたい、という気持ちが湧き起こってくるのは仕方のないことかもしれません。けれども必ず相手を傷つけ、自らも傷つくことになる行為に及ぶなら、それ相応の覚悟をもって向かわねばならないことを忘れてはならないでしょう。

Reverse

Key Words

たび重なる失敗	名誉回復の難しさ
なかなか決着しない	失敗する見通し
争いは長引きやすい	不正の発覚
闘争から脱落する	努力の空回り

- うまくいかずに自暴自棄になりやすい状態
- 汚点となるような失敗の可能性
- 心がすさみ平安を取り戻すのに時間がかかる
- 長引く闘争で予想外のダメージを受ける

逆位置になると、さらにその意味合いが激しくなります。心が荒れすさみ、殺伐とした人間関係が繰り広げられることになりそうです。深刻化した状況からは、もはや抜け出す手だてはなくなってしまうかもしれません。そうなる前に回避するか、それが難しいようであれば、いかにダメージを少なくするか。何かしら自分を守る手だてを、できるだけ早く考えておくのが賢明でしょう。

ソードの6

［Six of Swords］

シックス・オブ・ソーズ

Main Images

船頭が小舟で客を向こうの岸まで運ぼうとしています。水面は穏やかで小舟は軽々と進んでいるようです。しかも6本もの大きく鋭い剣が船首に突き刺さっていますが、それが小舟の進行を妨げているようには見えません。帆もないのに進む小舟にとって、この剣は何か推進力の助けになっているかのようです。

正位置 Positive

Key Words

移動	脱出
変更	抜け道
転換点	静かに通過する
過渡期	慎重に検討する

- よりよい環境を求めて自ら行動すべき時
- 発想の転換を図り、新しい可能性を模索する
- 慎重に進むことで困難からの脱却を図れる
- 予想外の展開でも納得の結果を導ける可能性

人生で予想外、想定外のことが起こるのは珍しくありません。誰もが、まさかこんなことになるなんて、という経験をしているでしょう。ソードの6は、予想外の展開によって、思いもよらない結末を迎える可能性を表しています。ただ、それはあなたにとって必ずしも悪いことではなさそうです。自分の力で解決できる範囲のことであり、場合によっては好結果にもつながる兆しが。

逆位置 Reverse

Key Words

撤退	ちゃんと考えない
悪目立ちしてしまう	とっぴな発想
不評を買う	おせっかい
波風を立てる	過干渉

- 穏便に済ませられず、自ら退路を絶ってしまう
- 方向転換できず、進むべき道がわからなくなる
- 目標達成のための道筋を見直す必要性
- 周囲の干渉によって道筋を見失ってしまう

状況の改善や方向転換の必要があるのに、それがうまくいかないことを表します。その必要性を十分わかってはいても、どうしたらいいのかがわからない、といった感じでしょうか。ここで大切なのは、目標や目的の変更ではありません。そこに行き着くまでの道筋や方法を考え直すべき、ということを告げているのです。うまくいかないからと投げやりになったりせず、合理的発想で。

ソードの7

［Seven of Swords］

セブン・オブ・ソーズ

Main Images

後方を気にしながらも剣を5本、抱えて立ち去ろうとする人物が描かれています。この人が気にしている後方には、複数のテントが張られたキャンプが見えます。どうやらこのキャンプから剣を持ち出したのでしょう。2本の剣は地面に突き刺さっていますが、この2本も思うところに運び切れるのでしょうか。

Positive

Key Words

駆け引き	不穏な企て
ごまかし	逃避
こっそり動く	邪道
出し抜く	ずるいやり方

- 周りを出し抜いて欲しいものを手に入れる
- 隙をついて、うまくやろうとする
- 目的達成のために多少ずるいこともやる
- ちょろまかしやごまかしを犯してしまう可能性

ソードの7は、剣を盗み出そうとしている人物が描かれていますが、背景全体は希望を表す黄色で塗られており、そこに不穏な空気やまがまがしい雰囲気はありません。ちょっと出来心でやってしまった、くらいのことが示されているのです。それは誰かを出し抜いたり、ごまかしやずるいやり方を指しているのでしょう。ただ、自分の心だけはごまかせない、ということを忘れてはなりません。

Reverse

Key Words

身から出たさび	反省すべき行い
批判を受ける	本音を露呈する
狡猾	メッキが剥がれる
人の足を引っ張る行為	モラルの低下

- 非難の目にさらされて居心地の悪い思いをする
- 自己の良心に恥じない言動の重要性
- 非難されても仕方がないような状況
- 恥ずべき言動から嘲笑の的となる可能性

逆位置になると、正位置の行為にさらにずるさや狡猾さがプラスされた形で現れます。そして、そんなことをしても得るものは何もない、ということが表されています。結局は悪い部分の本性が露呈し、周りの信用を失い非難の嵐を浴びることになりかねません。やはり、良心に恥じない振る舞いをすべき、ということを告げているのです。身から出たさび、ということにならないように。

ソードの8
［Eight of Swords］
エイト・オブ・ソーズ

Main Images

目隠しをされ、ひもか包帯でぐるぐる巻きにされた人物が湿地に立っています。その周りの地面には8本の剣が突き立てられており、この人物はますます身動きがとれない状態におかれています。まさになす術のない、八方塞がりという言葉が相応しい状況です。けれども、これは一時的なことのようです。

正位置 Positive

Key Words

制限	不安
孤立	束縛
苦境	拘束
抑制	身動きがとれない

- 制限があり、活動停止を余儀なくされる
- 苦境に立たされて、途方に暮れる
- 不調や不運が重なりやすい兆し
- 考えすぎから身動きがとれなくなってしまう

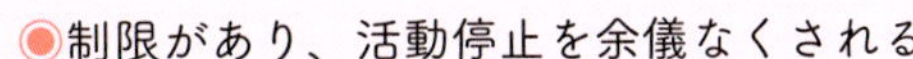

制限がかかったり、ルールや規則が厳しくて身動きがとれない兆しです。そのせいで、本来の実力をほとんど発揮できないでしょう。束縛や拘束が強くて、窮屈な思いをすることも。ただ、その苦しい状況は一時的なことのよう。抵抗して無理に動こうとするより、おとなしく成り行きを観察するのが無難。よい頃合いになるまで力を温存し、じっと待つのが運を引き寄せる鍵になります。

逆位置 Reverse

Key Words

開けてくる	動きが出てくる
束縛から解放される	時間の問題
先が見えてくる	制限がなくなる
活性化の兆し	待つことの重要性

- 不安は消えないが解決の糸口は見つかる
- 懸案事項や心配事は時間が解決してくれる兆し
- 徐々に停滞していた物事は動き始める
- 自然と状況がよくなってくる兆しがある

逆位置になると目隠しが外れ、ぐるぐる巻きにされていたものが緩み、状況が把握できるようになり、少し身動きもとれるようになります。が、相変わらず地面はぬかるみ、周りに剣が突き刺さったままで、不安な状態にあることは変わりません。逆に自分のおかれた状況をはっきり知ることになり、不安や恐怖が募る場合も。まずは冷静に自分のおかれた状況を把握するのが賢明です。

ソードの9

[Nine of Swords]

ナイン・オブ・ソーズ

Main Images

ベッドから起き上がり、両手で顔を覆って悲嘆に暮れる人物が描かれています。９本の剣は壁に掛かっているようにも、空中に浮かんでいるようにも見えます。あるいはこの人物の心の中にあるもので、実際にはそこにないのかもしれません。いずれにしろその背景は真っ黒で、孤独や絶望が表されています。

Positive

Key Words

思い悩む	精神面の不安定さ
後悔	落ち込む
失望	不安
失敗への恐怖	落胆

- がっかりして、何もやりたくなくなる
- いつまでも暗い気持ちを引きずりやすい
- 不安や恐怖が募っていたたまれなくなる
- 一度気になると、ずっと思い悩んでしまう

深い落胆や失望を表します。不安や恐怖が募っていたたまれなくなったり、落ち込んで何もやりたくなくなってしまいそうです。しかもそんな気分は簡単には収まらず、長引く兆しが。ただ、その失望や落胆は、それほどのダメージなのでしょうか。もしかしたら、大げさに捉えているだけかもしれません。そうなった原因から逃げずに、じっくりと正面から向き合う必要がありそうです。

逆
位置

Reverse

Key Words

不安が解消される	正しい情報を得る
気づきがある	現実を見据える
思い込みから解かれる	心配が和らぐ
中傷、陰口	悩みの種が減る

- 不安の原因がわかって正面から向き合える
- 問題解決の糸口や対処法が見えてくる
- 少しずつ気力が出てきて立ち直れるタイミング
- 中傷や陰口も正しい情報から払拭される

逆位置になると、この絶望的な状況から少しずつではあっても立ち直る力が湧いてくることを示します。状況を落ち着いて見ることができるようになり、不安も解消されるでしょう。正しい情報を得たり、自分なりの気づきがあったりして思い込みから解き放たれることも、悩みの種が減っていくポイントになります。焦らず慌てず、マイペースでの状況改善を目指したいものです。

ソードの10

[Ten of Swords]

テン・オブ・ソーズ

Main Images

10本の剣が突き刺さった人物が倒れています。この状態ではもう存命とは考えにくいでしょう。それだけ最悪でどん底の状態であることが示されており、肉体的、精神的苦痛を表しています。これだけのダメージを受けるということは、本人にも何かその原因があったのではないか、とも推測されるところです。

Positive

Key Words

負担	自業自得
最悪	不運
四面楚歌	厳しい状況
どん底の状態	絶望

- これ以上ない、というほどの悲しみの到来
- 自分自身を傷つけてしまうことへの警告
- 不運が不運を呼び込んでしまう可能性
- 攻撃を受ける一方でなすすべもない

ソードのニューメラルカード（数札）は、おしなべてハードでシビアな意味合いが暗示されます。その集大成ともいえるのがソードの10であり、だからこそこのような衝撃的な状況が描かれているといえます。これ以上ないというほどの辛い状況、悲しい展開が示され、自力ではどうしようもない場合が少なくありません。そのことを真摯に受け止め、最善を尽くす覚悟が必要です。

Reverse

Key Words

一発逆転	事態の好転
再浮上	集結
敗者復活	決着がつく
再挑戦	リスタート

- これ以上悪くならない、あとは浮き上がるのみ
- 苦労が報われるきっかけをつかむ
- 具体的な目標を設定しての事態の好転
- 苦しかった経験がプラスとなって生かされる

逆位置になると、正位置で示された最悪の状態から立ち直っていく状況が暗示されます。ここまできたら、もうこれ以上悪くなりようがない、あとは浮き上がっていくのみ、と。これはひとつの結末ではあるのですが、ここからまた新たな始まりへとつながっていきます。大きなダメージを受けてしまったことは仕方のないことです。いかにそこからリスタートするかを考えたいものです。

ソードのペイジ

［Page of Swords］

ペイジ・オブ・ソーズ

Main Images

騎士見習いが剣を掲げ荒野に立っています。髪が揺れている様子は風が吹いているせいにも、剣を振り回しているせいにも見えます。いずれにしても周りを警戒しながら、四方を見回しているようです。自分自身や周りの人の身を守るため、用心深く周りを観察しながら歩を進めているのでしょう。

Positive

Key Words

合理的	用心深い
実直	思考力
感受性の強さ	分析力
遠回り	勤勉

- 確実に実力のつく道を選ぶ勤勉さの持ち主
- 正しい状況判断ができ、しっかり結果を残せる
- 試行錯誤しながらも、納得の道を前進していく
- 現実的で実現可能なアイディアで成功を手にする

周りの状況を瞬時に察する感受性の強さと、冷静に状況を分析、判断しようとする用心深さを備えた人物です。物事を合理的に捉えて行動でき、とても有能です。ただ、まだ若く経験不足な面も否めませんから、多少遠回りしたり、失敗もあるでしょう。が、それも経験のひとつとして、そこから多くを学んでいきます。そういう意味では、出会う相手に大きく影響されやすい面があります。

Reverse

Key Words

無責任	準備不足
落ち着きがない	無駄の多さ
無礼な態度	無頓着
いい加減	意志の弱さ

- 準備不足のまま本番を迎えて、うろたえる
- 肝心な時に力を発揮できず、評価されない
- 見込み違いや判断の甘さが露呈してしまう
- 付け焼き刃の行動で、結果を出せない

自分なりに頑張っているつもりではいても、落ち着きがなく無駄な動きが多いので、周りには危なっかしい印象を与えるでしょう。あいさつもろくにできない無礼な態度が目立ち、なかなか信用を得られません。また、周りのそんな評価に気づきもしない無頓着さが、ますます周りの評価を下げる原因に。自分にとって何が大事で今何をすべきか、しっかり考えて行動するのが肝要です。

ソードのナイト

［Knight of Swords］

ナイト・オブ・ソーズ

Main Images

剣を振り上げ、風を切って果敢に前進していく騎士の姿が描かれています。かっと目を見開き、勇猛果敢に突進していく様子は闘志にあふれ、やる気十分。どれほど手強い敵であっても恐れることなく立ち向かい、実力以上の力を発揮して倒してしまうような力強さと気迫のようなものが感じられます。

Positive

Key Words

手際のよい行動	機知に富む
交渉力	ヒーロー
有能	突進していく力強さ
頼れる人物	勇気ある行動

- 目標に向かって、全速力で突進する
- アクシデントにも冷静に対応する手際のよさ
- 先見の明があり、先取りや先回りがうまい
- 思考、判断、行動の三拍子が揃う達成能力の高さ

手強い敵をものともせずに勇敢に立ち向かって勝利する、頼れる人物です。時に正面から相手に交渉を挑み、時に目的に向かって突進していく力強さがあり、まさにヒーローと呼ぶに相応しいでしょう。機知に富み、手際よく目的をこなしていく姿は、見ていて気持ちのよいもの。ただ目的達成に集中するあまり、多少デリカシーに欠けるような面も。周りへの配慮を忘れなければ、完璧でしょう。

Reverse

Key Words

フライング	ミスの多さが目立つ
約束の不履行	ルール違反
非常識	思いやりのない発言
未解決の問題	論争

- おぼつかない足取りで、すぐにつまずいてしまう
- 未解決の課題に振り回されて右往左往する
- 成り行き任せの行動でミスが目立つ
- その場の思いつきで動いて行き詰まる

言うことは立派でも、それに行動が伴っていないようです。失敗が多く、約束を守らなかったり、平気でルール違反をしたりと、非常識な行動が目立ちます。そのため周りの信頼を得られないばかりか、自分自身のキャリアを積み上げていくことも難しいでしょう。周りにおもねる必要はありませんが、今自分がやるべきこと、そのために必要なことをしっかり考え行動したいものです。

ソードのクイーン

[Queen of Swords]

クイーン・オブ・ソーズ

Main Images

女王が右手に持った剣の柄は玉座の肘かけに置かれており、安定した状態が保たれ、女王の精神を示すように剣そのものはブレることなく垂直に天を指しています。そして左手は軽く掲げられ、その手首にはロザリオ（キリスト教徒の数珠）が見え、相手の存在を否定することなく受容する姿勢が表されています。

Positive

Key Words

常識的	強い意志
優しさと厳格さ	洞察力
客観的	聡明
バランス感覚	芯の強さ

- 強い意志をもって説得力のある発言をする
- 人の内面や裏側を見通す鋭い洞察力がある
- 表面上は見えなくても水面下で策を巡らす
- 物事を厳格な判断と明晰な思考で捉える

バランス感覚に優れ、優しさと厳格さの両方を併せ持った人物。相手の心の奥底まで見透かすような洞察力があり、常識的で強い意志をもった発言をするので、とても説得力があります。相手を優しく受け入れる寛容さをもちつつ、情に流されることはないので、自分主導の人間関係を築きながらも後輩や部下など年下に慕われるでしょう。芯が強く、自分に厳しい面もあり尊敬を集めます。

Reverse

Key Words

融通が利かない	発言が二転三転する
いら立ち	すぐ感情的になる
狭量	私情を挟みやすい
批判的態度	仕返しを考える

- ささいなことでイライラして相手を責め立てる
- 逃げ道がなくなるほど追い詰めてしまう
- 否定的な態度を崩せず周りに受け入れられない
- 鋭く批判的な態度が自分自身をも追い詰める

ささいな対立でも攻撃の手を緩めることなく、相手に逃げ場がなくなるほど追い詰めてしまうようなところがあります。すぐに感情的になって攻め立てるので、トラブルや諍いが絶えません。しかも自分は間違っていない、と頑なに思い込んでいるため、相手との妥協点を見いだせないまま決裂してしまうことも少なくないでしょう。相手を受け入れる寛容さや心のしなやかさが大切です。

ソードのキング

［King of Swords］

キング・オブ・ソーズ

Main Images

王は右手に剣を持ち、口を真一文字に結んで玉座についています。その権力を示す指輪をした左手は太ももに置かれ、両足は軽く前後に交差しているのが、その衣服のしわから見て取れます。何かあればすぐに動ける体勢にあり、この王がただ守られるだけでなく自ら行動する王であることが表れています。

Positive

Key Words

単刀直入	独立心
威厳	冷徹
押しの強さ	命令的な態度
社会的立場	勇敢

- 段取りのよさと合理的思考で目標を達成する
- 果たすべき責任が明確になり、やる気が出る
- 目標達成の邪魔なら、平気でなぎ倒していく
- 強い意志で社会的立場や権威を確立していく

目的達成に邪魔になるものは容赦なくなぎ倒して前進する、力強くも強引な人物。合理的思考にもとづく段取りのよい行動ができるので、目的の達成率はかなり高いでしょう。それだけに高い社会的地位も獲得できるでしょうし、部下を多くもつ立場になる場合も少なくありません。が、冷徹で高圧的な態度は相手を萎縮させかねないもの。気さくさや大らかさも身につけたいところです。

Reverse

Key Words

ワンマン	排他的
悪知恵	独断と偏見
横暴	冷淡
強情	権威の失墜

- 人の話を聞かず独断と偏見で突っ走ってしまう
- 勝手な思い込みで人や物事を枠にはめようとする
- 横暴な言動で周囲から疎まれる
- 外部に対して冷淡すぎる仕打ちをとる

人の話に耳を貸さず、ワンマンで物事を進めていくタイプ。そこには独断と偏見が少なくないので、成功の道からはほど遠いでしょう。しかも勝手な思い込みで決めつけてしまうような面も多分にあるため、周りから信頼や尊敬の念をもたれることはまずありません。相手に対する言動は、そのまま自分に跳ね返ってくる、ということを肝に銘じた振る舞いを心がけることが大切です。

カップ

Suit of Cups

カップ

ワンド

ACE of WANDS.

ペンタクル

ソード

人間の情動の象徴であるカップ

カップとは杯や盃のことで、水を汲んだりワインを満たしたりと、液体を入れる器として基本的には飲食に用いられます。でも「聖杯」として洗礼に用いられたり、「優勝カップ」として勝者に授与される、「固めの盃（杯）」として婚礼時の三三九度に用いられるなど、儀式的意味合いも色濃くあります。また、こうした祝賀にだけでなく「別れの盃（杯）」などのように悲しみを伴う儀式にも用いられるように、人間の喜怒哀楽に関するあらゆる情動と密接なつながりをもっている、といえるでしょう。

そして杯に入れられるのは水やお酒といった液体であり、その流動的な動き、少しの刺激でも揺れ動く様子から、カップは人間の情動の象徴と考えられています。ひとつのカップから飲み物を分かち合うことで絆を深める、という考え方は世界各地に共通しており、絆や共同意識、仲間意識をも象徴するのが、このカップです。

カップのエース

[A c e o f C u p s]

エース・オブ・カップス

Main Images

雲から出た手の、手のひらの上に杯がのっています。カップからは五筋の水が流れ出し、そこに鳩が十字の刻まれたウエハース（洗礼時に用いる聖なるパン）を浸そうとしています。流れ出た五筋の水は睡蓮の浮かぶ水面に絶え間なく落下し、随所に祝福と湧き上がる情動、移りゆく人の心が表されています。

Positive

Key Words

感性	受容
愛を育む	美的センス
歓び	芸術性
ひらめき	純粋

- 芸術性や美的センスによる創造的分野での活躍
- 心を豊かにする感性やひらめきにあふれている
- 素直で純粋な気持ちにもたらされる成功や幸運
- 思いがけない巡り合わせから起こる嬉しい出来事

ほとばしる感性や自然に湧き上がってくる情熱、ひらめきなど、抑えることのできない情動や愛情を表しています。それが昇華され美的センスが磨かれ、美しいものを作り出そうとする芸術性にもつながるのです。また、それは愛の行為であり、男女間の愛情に留まらず、広い人間愛を生み出すでしょう。カップのエースは素直で純粋な気持ちを大切にすることで生まれる、人間のよき感情を示します。

Reverse

Key Words

落胆	不満が募る関係
流されがちな状況	心変わり
進展しない恋	愛情の冷めた状態
不義理	不安定

- 流されやすく、けじめのない姿勢
- 恋愛面での変化と落胆を生む展開
- がっかりするような、相手の言動
- 気持ちが集中できず、成功から遠ざかる

逆位置になると、筋になってほとばしっていた水が、カオスになってぶちまけられることになります。つまり秩序や規則性は乱され、ただ低い方に流されるばかりの予想もつかない不安定な状態を招いてしまうのです。そこに確かな愛情はなく、落胆させられるような相手の言動、心変わりや失望があるばかり。それに翻弄されることなく、純粋さは失わず、冷静さを保つ必要があるでしょう。

カップの2

［Two of Cups］

トゥー・オブ・カップス

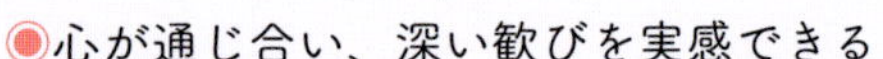

Main Images

若い男女の契りの場面で、ふたりの杯の上には翼を持つ獅子とカドゥケウス（ヘルメスの杖）が現れています。これは、われわれ人間のもつ獣性と知性が調和のとれた状態で保たれ、男女に優劣なく対等な立場で深い共感と強い絆が育まれていくことを表しています。それこそが真に人間の求める尊い愛情でしょう。

Positive

Key Words

人との絆	相互理解
豊かな交流	価値観の一致
順調に愛を育む	相思相愛
深い共感	協調関係

- 心が通じ合い、深い歓びを実感できる
- 様々な関係での良好なパートナーシップ
- 持ちつ持たれつのバランスのよい関係
- 長い付き合いにつながる嬉しい出会い

人は誰かに必要とされ、大切に思われてこそ幸せを実感できるもの。それは恋愛関係のみならず、家族間、交友関係、ひいては師弟関係や仕事上の付き合いなど、あらゆる人間関係に当てはまります。カップの2は、そうした人間関係において、深い共感と協調関係が築かれた良好な状態を示します。そして、自己への自信と相手への信頼がより深まり、ますます関係は順調になるでしょう。

Reverse

Key Words

片思い	すれ違い
不遇	節度のない男女関係
同情	依存
相手の対応への不満	冷めかけている関係

- 相手に甘えすぎ、頼りすぎが原因での破綻
- 満たされない思いを抱えて落ち込む
- 一方通行で、思いが相手に届かない
- 愛情というより、同情が先に立つ関係

逆位置になると、両者の杯がうまく酌み交わされずにバランスを欠いた状態になることを示します。思いが一方通行になったり、すれ違いから思いが通じ合わなくなる可能性が。それはコミュニケーションの不調が原因なのですが、焦れば焦るほど杯が揺れて水がこぼれてしまうように、一旦うまくいかなくなると修復は難しいもの。心して慎重で落ち着いた対応をする必要があります。

カップの3

［Three of Cups］

スリー・オブ・カップス

Main Images

３人の人物が、それぞれ杯を高く掲げています。何か祝福して乾杯をしているようにも、誓いを立て合っているようにも見えます。いずれにしろ足元には実った農作物が見えますから、喜ばしいことでしょう。ただ、３人の杯は触れ合っておらず、着ている服の色もバラバラで、危うい関係も想像されます。

Positive

Key Words

安らげる相手	穏やかな関係
好ましい関係	仲間意識が生まれる
心地よい距離感	慣れ親しむ
連帯感	優しく平和な雰囲気

- 心地よい距離を保った人間関係が築ける
- 共同作業を通じて親密な仲間意識が生まれる
- ほっとする自然体で付き合える仲間ができる
- 互いに譲り合い尊重し合う、よい関係を保つ

何かひとつのことを成し遂げると、そこにかかわった人々の間に、心地よい達成感と連帯感が生まれます。カップの３は、そうした連帯感と穏やかな関係の中で生まれる喜ばしい結果を表します。もしかしたら、その仲間意識や連帯感はうわべだけのことかもしれません。けれども、これを契機に本物の人間関係を築いていける可能性を秘めています。自分なりの心地よい人間関係を考えるにもいい時です。

Reverse

Key Words

調和が崩れる	大げさな反応
悪友からの誘い	仲間割れ
邪魔が入る	言い合いになる
無関心	拒絶する、される

- なにげないひと言に過剰に反応してしまう
- 周りの人に心を閉ざして聞き入れない
- 悪友からの誘惑を断れなくて後悔する
- ぎくしゃくした雰囲気に感じる居心地の悪さ

目をつぶってきた厄介な人間関係に、いよいよトラブルが持ち上がりそうです。かろうじて保ってきた調和が崩れたり、言い合いや仲間割れが起こる可能性もあるでしょう。いずれにしろ、もう無関心を決め込んでいるのも限界です。過ぎてから後悔することのないよう、誠実な姿勢で向き合う必要があるでしょう。理解できる人にはわかってもらえるはず、と信じて行動を。

カップの4

[Four of Cups]

フォー・オブ・カップス

Main Images

木陰に腰かけた人物が、前方にある3つの杯を眺めています。この人は、固く腕組みをして表情を曇らせていることから、今の状況に不満を抱いていることが見て取れます。一方、雲から出た手がその人に、もうひとつの杯を差し出しているのですが、そのことにはまるで気がついていないかのようです。

Positive

Key Words

惰性	ないものねだり
期待しない	飽き飽きしている
気だるい感じ	動きたくない
楽しくない	退屈

- 安定した毎日に飽き飽きしている
- どうでもいいことを考えて思い悩む
- 今の置かれた環境のよい面に気づいていない
- 退屈だが、だからと行動は起こしたくない

たとえ何不自由のない恵まれた生活をしていても、その状態が続くと、まるでそれを当たり前のように感じるのが人間というものです。カップの4は、そんな恵まれた日常に飽き飽きし、退屈していることを告げています。だからと何か新しいことをしようとか、環境を変えようなどとは毛頭思っていないでしょう。でも気づいていないだけで、周りには多くののチャンスが。発想の転換を。

Reverse

Key Words

ようやく動き始める	新たな可能性
刺激を求める	やり直す
新展開	新事実
動かざるをえない状況	気を取り直す

- 思い切ってやり直すことでうまくいく
- 動かざるをえない状況に追い込まれての行動
- まだよくわからないが、とにかくやってみる
- 行動を起こすことによって、新展開を迎える

逆位置になると、ようやく動き出すことを表しています。ただそれは能動的かというと、そうでもなく、そうせざるをえなくて仕方なく、という感じです。が、とにかくやってみる、ということが大切で、動いた先には何か新しいことが待っているでしょう。その新しいことが少しでもよきこととなるように、満足のいく結果に結びつくように、最善を尽くした行動をしたいものです。

カップの5

[Five of Cups]

ファイブ・オブ・カップス

Main Images

黒装束の人物がうなだれて倒れた3つの杯を見つめています。その背後には2つの杯がありますが、こちらは倒れていません。遠方には城が見え、間には川が流れていますから、その城に行こうと思ったら川を越えねばなりません。この人物は、一体これからどこへ向かっていこうとしているのでしょうか。

Positive

Key Words

期待外れの展開	世襲、相続に関する課題
不発	信頼関係が損なわれる
不仲	知り合いからの悲しい対応
残念な結果	親族間の問題

- 思ってもみない冷たい仕打ちに悲しくなる
- 身内だからと油断するとショックなことが
- 親しい相手にうんざりさせられる出来事
- 希望が叶わず残念な結果に終わる可能性

思ったような結果は得られず、期待外れの展開になってしまう可能性を示しています。信頼関係が損なわれるような、ショックな対応を受ける場合もあるでしょう。特に身内など、親しい相手には、とかく油断してしまうもの。どんな状況であろうと、どんな人が相手であろうと、油断や過度な期待は禁物です。シビアに状況を見つめる目をもてば、的確な判断ができるでしょう。

Reverse

Key Words

未練がましい	悲しい知らせが届く
しがらみ	再出発のタイミング
なるべくしてなった結果	踏ん切りがつく
復帰のチャンス	再チャレンジ

- こだわりが吹っ切れて再出発できる
- 離れ離れだった相手との再会を果たす
- 悲報が届くが、そこから立ち直れる兆し
- 遠ざかっていたことへの復帰のチャンス

逆位置になっても、残念な意味合いに変わりないのがカップの5です。さらにその度合いが厳しくなる場合もあるでしょう。ただ、その状態を嘆くだけでなく、一定の過程を経ることで踏ん切りがついたり、再出発のタイミングがつかめる兆しも。そういう意味では新たなステップを踏み出すチャンスを得られる、といえるでしょう。短いようで長い人生。したたかに生きたいものです。

カップの6

[Six of Cups]

シックス・オブ・カップス

Main Images

花を挿した杯を手にした子どもたちが、何かおしゃべりをしています。他の5つの杯にも同様に花が飾られています。花は愛情や豊かさの象徴であり、6つすべての杯が花で満たされていることから、豊かな愛情や、愛に満たされた状態を表します。地面や建物が生命力を表す黄色で描かれているのも印象的です。

Positive

Key Words

郷愁	規制
思い出	原点
幼なじみ	古い記憶
懐かしい場所	身内とのつながり

- 家族愛や隣人愛がもたらす平安と幸運
- 原点を見つめ直すことによって、道が拓ける
- 郷愁に浸り、そこから新たな発想を得る
- 幼なじみとの再会によって、英気を養う

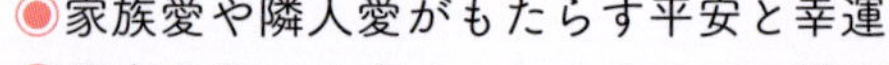

懐かしい思い出や幼なじみなど、過去に親しんだ場所や人物がキーポイントになることを示します。自分の原点に立ち返ることによって、これからの未来につながるヒントを得られるでしょう。たとえ過去に辛い思い出しかなかったとしても、それは今の自分のいしずえになっているもの。自分の過去を否定するのではなく、大切に思うことが、新しい出会いをよきものにする鍵になります。

Reverse

Key Words

思い出を引きずる	過度の甘え
トラウマに縛られる	過去に執着する
人を頼ってばかりいる	家族間の課題
恩知らずな言動	癖や習慣

- 昔はよかったと、過去に執着して前進できない
- 早期解決の必要がある家族間の課題
- 幼い頃からの癖や習慣が失敗の原因となる
- 人を頼り、甘えてばかりいることへの警告

逆位置になると、過去へのこだわりがマイナスとなって現在に影響することを示します。あの時はよかった、と過去の栄光にしがみつこうとする気持ち、あの怖さは忘れられない、と過去のトラウマに縛られている姿勢。いずれにしても、現在の自分とは切り離して考えたいもの。また家族や親しい人から自立する必要性を示して、カップの6が現れることもあるでしょう。

カップの7

［Seven of Cups］

セブン・オブ・カップス

Main Images

シルエットで表された人物の前に、雲にのった7つの杯が現れています。その中央の覆いがかけられた杯は、この人物のもうひとりの自分が幻影として示され、他の6つの杯には欲望や邪悪な気持ちを象徴するアイテムが入っています。この7つの杯を前にして、シルエットの人物は何を思うのでしょうか。

正位置

Positive

Key Words

幻影を追う	虚栄心
奇跡を待つ	理想を膨らます
妄想にとらわれる	自己欺瞞
空想	現実を見ようとしない

- 現実から目をそらし、空想の世界に逃げ込む
- こうだったら、と願望ばかりを膨らませる
- 努力を放り出して、奇跡を期待する
- 思い込みの強さから冷静な判断ができない

現実の辛さから目を背け、理想や憧ればかりを追いかけたり、不確実な夢や奇跡を期待している状況を表します。それで何とかなればいいのですが、そう甘くはないのが現実です。頭の中を空想や妄想でいっぱいにするより、きちんと整理して考える必要があるでしょう。頭の中が整理できれば、今やるべきこと、本当に大切なことが見えてくるはず。自分に嘘をつかないことです。

逆位置

Reverse

Key Words

われに返る	自覚する
徐々に平常心を取り戻す	はっきりしてくる
視界が開けてくる	迷いが消える
計画性が出てくる	判断力が芽生える

- 理想と現実のギャップに気づき、われに返る
- 迷いが吹っ切れ、何をどうすべきか見えてくる
- 現実に向き合い地に足をつける必要性を自覚する
- 今まで見えていなかった目標がはっきりしてくる

理想と現実のギャップに気づき、目が覚めるようにわれに返ることを表します。視界が開け、何をどうしたいか、どうすべきかをはっきり自覚できるでしょう。迷いが吹っ切れ、目の前がはっきりしてくれば、自分がどの位置にいて、どこを目指すべきなのかがちゃんとわかるようになるのです。自分らしさを大切に、計画性と判断力をもって、力強く自分の道を歩んでいきましょう。

カップの8

[E i g h t o f C u p s]

エイト・オブ・カップス

Main Images

月明かりに照らされる中、8つの杯を岸辺に置いたまま、ひとりの人物がそこから立ち去ろうとしています。杖をついた人物は、背をかがめ疲労感を漂わせています。杯は人の情動や喜びの象徴。大切であろう杯を、なぜこの人は置き去りにするのでしょう。もしかしたら、もう大切ではないのかもしれません。

Positive

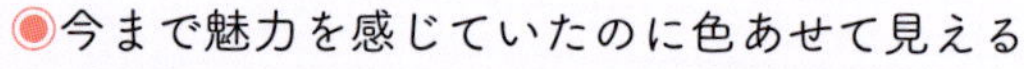

●今まで魅力を感じていたのに色あせて見える
●時間の経過により、徐々に変化していく
●次のステップへ移行すべきタイミング
●区切りをつけて、新たな可能性を模索する

Key Words

達観	諦念
移行期	移り変わり
模索	その場から離れる
気持ちの変化	色あせる

今まで夢中になっていたものや、魅力的に感じていたことに、そろそろ区切りをつけるべき時が来たことを告げています。どんなに楽しくても、いずれ飽きて色あせてくるもの。人の心はひとつのところに留まってはいられないのです。その移り変わりがあるからこそ進歩があり、気持ちの変化は決して悪いことではありません。次なるステージへ向けて、ステップアップしていきましょう。

Reverse

●未練がましくあれこれ言い訳をする
●わかっているのに踏ん切りがつかない
●現実を受け入れることで新たな意欲が湧いてくる
●気持ちの整理がつけば新たな出会いがある兆し

Key Words

未練がましい	切り替え
諦め切れない	新しい可能性
区切りの必要性	再確認
言い訳	好転する

逆位置になると、自分の心の移り変わりに戸惑い、素直に受け入れられないことを表します。未練がましく言い訳をしたり、なかなか踏ん切りがつかなくて、もどかしい思いをしたり。ただそこで焦っては、現実を受け入れたくない気持ちが募り、逆効果になるでしょう。少し気持ちの整理がつくのを待つのが賢明かもしれません。新しい出会いや可能性に気づけば、状況は好転するはず。

カップの9

[Nine of Cups]

ナイン・オブ・カップス

Main Images

クロスのかかった弓なりの台に、9つの杯が並べられています。その前方に腰かけた人物は、腕組みをして上機嫌に微笑んでいるのがわかります。きれいに並べられた杯を眺めて、満足した気分になっているのでしょう。これでよし、もう足りないものはない、と思っているのが見て取れるシチュエーションです。

Positive

Key Words

満ち足りた状態	サプライズ
有利な立場	偶然の幸運
急なお誘い	戦わずして勝つ
充足感を味わう	ラッキーな巡り合わせ

- 降って湧いたような幸運の訪れ
- 特に何もしていないのにうまくいってしまう兆し
- 現状の幸運に甘んじ努力を怠ってしまう予感
- この満ち足りた状況は一時的である可能性

特別な何かをしたわけでもないのに、降って湧いたような幸運が訪れることを表します。まさにサプライズな棚ぼた的幸運です。戦わずして勝つような、偶然の巡り合わせによってもたらされるラッキーなのですが、これはどうやら一時的なもののよう。今回そうだったからといって、次回もそうだとは限りません。そのことを忘れず、現状の幸運に甘んじることのないよう気をつけて。

Reverse

Key Words

慢心	傲慢
苦労知らず	図々しさ
油断	世間知らず
詰めの甘さ	努力しない

- 詰めの甘さ、読みの甘さが不運や失敗を招く
- 思い上がりから意外な相手に足を引っ張られる
- 努力もしないで不平不満ばかり言う
- 状況をよくしようにもどうしたらいいかわからない

逆位置になると、自分には幸運が訪れてしかるべき、と図々しくなっていることを表します。大した努力がなければ、うまくいくはずもないのに不平不満ばかりが募りがち。苦労知らずの世間知らずで、詰めの甘さが目立つため、周りからはあきれられてしまうでしょう。幸せを手に入れたいと思ったら、額に汗して努力するのが大切。その姿勢があってこそ、周りの応援も得られるのです。

カップの10

[Ten of Cups]

テン・オブ・カップス

Main Images

虹の中に現れた10の杯を仰ぎ見た２人の人物が、その神々しさに感嘆している様子が描かれています。近くに手を取り合って踊る子どもがおり、このふたりは夫婦であろうことが想像されます。遠方にささやかな家とのどかな風景が見え、家族との温かい生活に勝る幸せはない、ということを物語っています。

正位置

Positive

Key Words

満たされる	周りに受け入れられる
充実した人間関係	幸せな絆
安らげる雰囲気	大切にされる
充足感	家族生活の充実

- こうなったらいいな、と思うことが叶えられる兆し
- 楽しく取り組んでいることが成功に導いてくれる
- 友人家族との関係が充実して幸せを実感する
- 生活環境が整い、満たされた気分になる

充実した人間関係や、満たされた家庭環境を表します。仕事や勉強はもちろん、何をするにも安定した生活環境や満たされた家庭環境が成功のいしずえになる、といってもよいでしょう。それだけに、ただ環境が整うだけでなく、そこに付随する成功や幸せがもたらされるのです。気持ちにゆとりがある分、よりチャンスや成功の糸口を見つけやすく、また、それをつかみやすくなっているでしょう。

逆位置

Reverse

Key Words

責任を押しつけられる	友情に亀裂が入る
家族間のトラブル	束縛
グループ内のもめ事	取り残された気分
孤立	内紛

- 心の距離の近さが招く問題や懸案事項
- 親族内にがっかりする出来事が持ち上がる兆し
- 信じていた人の、思いもよらないひどい言動
- 親しい間柄だからこそ起こるなれ合いや甘え

逆位置になると、人間関係や家庭環境が損なわれ、そこに潜んでいた様々な問題や懸案事項が一気に持ち上がってくることが暗示されます。親しいからこそ起こるいざこざや、もめ事、相手の甘えから責任を押しつけられるなど。いずれにしろ、近しい間柄だけに、一度気まずくなると、いつまでも引きずることになりかねません。根深い遺恨を残さないよう、最善策の検討を。

カップのペイジ

[Page of Cups]

ペイジ・オブ・カップス

Main Images

騎士見習いが左手を腰に当てながら、右手に杯を持っています。その杯からは魚が顔をのぞかせており、後方には海が見えますから、そこに一連のつながりを感じさせます。杯には水の属性があり、騎士見習いが杯の中の魚を見つめていることから、自己の内面を省みようとする賢明さがうかがえます。

Positive

Key Words

心優しい	個性的
チャーミング	年少者
発案力	伸びしろのある人物
賢明な若者	周りの受けがいい

- ハードルを乗り越えて試練にパスする可能性
- 周囲から好かれるチャーミングな人柄
- ムードメーカーで周りをもり立てる
- 個性的なセンスで周りの注目を集める

心優しく、周りの雰囲気を察して行動できるムードメーカー的存在です。年少者でありながら、自分からアイディアを発案していく積極性と、勤勉さの持ち主で、周りから伸びしろのあるタイプとして評価されるでしょう。ただ時にユニークな感性からの言動が目立ち、その個性的な資質は好き嫌いが分かれるところ。おおかたは高評価を得られますが、保守的な年長者は眉をひそめる場合も。

Reverse

Key Words

自立できない	幼稚
すぐ弱気になる	ムキになりやすい
頼りない	無駄な努力
勉強不足	経験不足

- 想像がエスカレートして現実と乖離(かいり)する
- 的外れな考えから、努力が無駄になる
- 感情を制御できず、周りとぶつかりやすい
- 力不足、経験不足で問題を解決できない

ちょっとしたことですぐに弱気になったり、ムキになったり、感情のコントロールが下手なタイプ。それだけに周りとぶつかりやすく、自分で自分を傷つけて落ち込むことも少なくないでしょう。勉強不足や経験不足がたたって、なかなか問題を解決できないような面があります。そんな時は素直に周りの意見に耳を傾ければいいものの、それをしたくない幼稚な部分が見え隠れします。

カップのナイト

[K n i g h t o f C u p s]

ナイト・オブ・カップス

Main Images

杯を携えた騎士が白馬に乗っています。鎧兜で正装した騎士の姿はとても優雅で、気品が感じられます。特に兜には翼の飾りがついており、これは知恵と伝令の神ヘルメスのシンボル。杯を携えた騎士は、これから王より賜った祝杯を、誰か手柄を立てた者に届けるため、馬を走らせるのかもしれません。

Positive

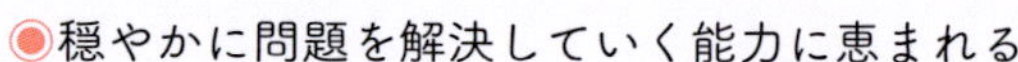

Key Words

スマートな言動	独立
柔らかい物腰	説得力
吉報が届く	良友
デリカシー	理知的

- 穏やかに問題を解決していく能力に恵まれる
- ピンチを助けてくれる人物が現れる
- しっかり考えたうえの行動で、失敗が少ない
- 感じよく振る舞えて周りに好印象を持たれる

柔らかい物腰とスマートな言動で、出会った相手をことごとく惹きつけてしまうタイプ。強引なところはどこにもなく、逆に対応はソフトなのに、いつの間にか相手を自分のペースに引き込んでしまうような穏やかな説得力があるでしょう。よく考えて行動するので失敗が少なく、良友にも恵まれます。後輩や部下など目下の相手から慕われたり、憧れられることも多いでしょう。

Reverse

Key Words

頼りない雰囲気	うわべだけの優しさ
優しさが裏目に出る	優柔不断で流されやすい
相手によって対応が変わる	選択ミス
その場しのぎの言動	浅はかな考え

- よく考えもしないで動いて、痛い目に遭う
- アイディアや提案は実現しそうにない
- 相手のためにならない同情や甘やかし
- 軽率な言動で、周りから不評を買う

相手によって対応が変わるような優柔不断な面があり、その場しのぎの言動も目立ち、どうも周りからの信頼は薄いようです。うわべだけの優しさや無責任な発言は、周りの人を傷つけてしまう原因に。また、相手のためにならない同情や甘やかしが、人間関係にマイナスの作用を及ぼしやすいでしょう。その場を取り繕うような言動ではなく、真摯で誠実な対応を心がけたいものです。

カップのクイーン

［Queen of Cups］

クイーン・オブ・カップス

Main Images

聖杯と呼ぶべき豪華な装飾の施された大きな杯を手にした女王が、玉座に腰かけています。その玉座にはプット（キューピッド）の彫刻が施されており、女王の母性や愛情の豊かさを表しています。中でも玉座下方に施されたプット像は魚を抱えており、杯が水の属性であることが示されています。

Positive

Key Words

懐が深い	家庭的
母性愛	安らぎ
勘が鋭い	芸術的才能
温和	芸術への造詣の深さ

- 自分のことは二の次にしても相手に尽くす
- 美的感覚に優れ、センスのよさが光る
- 人一倍、家族や友人を大切に思う気持ち
- 洗練された振る舞いによって好感を持たれる

温和で懐が深く、大切な相手をどこまでも守ろうとする豊かな母性の持ち主。自分のことは二の次にしても相手に尽くし、強い信頼と絆で結ばれた関係が築けるでしょう。美的感覚に優れ、クリエーティブな才能を発揮したり、洗練された振る舞いで周りを惹きつける魅力があります。ただ、豊かな感受性と勘の鋭さは、時に知らなくていいことを知ることとなるもろ刃の剣でもあります。

Reverse

Key Words

引っ込み思案	ほれっぽい
やきもち焼き	涙もろい
不安	依存しやすい
気まぐれ	悪目立ちする

- 成功の見通しがつかなくて、不安になる
- 何を考えているかわからないような言動
- すぐ誰かに助けを求めるが、叶えられない
- 感情に流されやすく、前後の見境がつかない

感情の起伏が激しく、やきもちから心にもないことを言ったり、ちょっとしたことで大泣きしたりと、忙しいタイプです。また、ほれっぽくて常に誰かに愛されていないとやっていけないような面があり、依存心の強さも見られるでしょう。そうした言動で悪目立ちしやすく、同性からは歓迎されない部分も。しっかりと自分の考えをもち、穏やかな姿勢を心がけたいものです。

カップのキング

[King of Cups]

キング・オブ・カップス

Main Images

シンプルな玉座に腰かけた王は左手に王笏を、右手には杯を持っています。恰幅（かっぷく）のいい王の姿は、堂々として風格があり、寛大な指導者そのもの。王の衣装は精神性を表す青い色のローブに、情熱の色である赤で縁取られた、生命力の象徴である黄色のマントを羽織り、そのバランスのよさに信頼性を感じさせます。

Positive

Key Words

包容力	大らかで型破り
指導力	パトロン、スポンサー
おっとりしている	堂々として風格がある
寛大	理解ある態度

- 能力を信頼して伸び伸びやらせてもらえる環境
- 何となく慕いたくなるような雰囲気の持ち主
- 温かく見守ってもらえている、という安心感
- 必要なものがタイミングよくもたらされる兆し

寛大で包容力のある、おっとりとした人物。堂々として風格があるので、安心して頼れるような雰囲気があります。細かいことは気にしない型破りな面もあり、部下は伸び伸び自分の才能を発揮することを許されるでしょう。信頼関係は強固になり、ますますの発展が見込めます。多少ワンマンなところもありますが、それでも慕いたくなるような人徳の持ち主でもあります。

Reverse

Key Words

ルーズ	無責任な発言
気が変わりやすい	優柔不断で流されやすい
あてにできない	不信任
裏表がある	嘘をつく

- 無責任さが、結局は自分に跳ね返ってくる
- 好きでもないのに離れられない
- その時の気分で言動にムラがあり、信用を失う
- 裏表があることが露呈してのトラブル

コロコロと気が変わりやすく、言っていることに一貫性がないため信頼感に欠けるタイプ。嬉しい言葉をうのみにして、後で裏切られてがっかり、なんてことがよくありそうです。裏表のある態度も、トラブルや誤解を生む原因に。ただ、そういう言動は、結局のところ自分自身に跳ね返ってくるもの。信頼を失って孤立しないためにも、相手のことを真剣に考える姿勢が大切でしょう。

第3章・実践タロットリーディング

ご自身のタロットデッキが用意できたら、さっそく占いに入りましょう。ただ、その前にいくつか準備するものがあります。

まず、必要なのがマットやクロスです。

テーブル上でスプレッドを展開するわけですが、その時、タロットカードをテーブルにじかに置くのは避けましょう。必ずテーブルにマットやクロスを敷くようにします。これはタロットカードを守ると同時に、場を浄化させて、カードからのメッセージを読み取りやすくするためです。マットやクロスはどんなものでも構いませんが、ご自身の気持ちが落ち着くような、集中できる色やデザインを選びます。また、質感は、カードさばきが容易なものにするのがベストです。滑りが悪すぎるマットや、すぐにしわが寄ってしまうクロスは避けるのが無難。実際に使いながら、よりやりやすいものを探しましょう。

また、タロットデッキは紙製のパッケージに入っている場合が多く、ずっと使っているとパッケージがどんどん劣化しがちです。パッケージに入れておかないとカードを傷める原因になりますし、散逸する事態を招かないとも限りません。そこで専用の容器を用意しましょう。最もよいとされているのは天然木でできた小箱で、タロットボックスという専用の箱も市販されています。が、必ずしもそうしたものでなくてはならない、ということではありません。タロットデッキが守れるなら、どんな容器でもよいでしょう。ただ、新品の容器を用意し、カードを傷めないように柔らかい素材の布やハンカチでさらに包んで、大切に保管するようにします。

占いを始めるにあたって

タロットデッキを使った実践に入りましょう。その際に行うべきことを、ここに説明します。

まずは手洗いから始めましょう

いよいよタロットデッキを取り出し、占いを始めます。その際に必ず行ってほしいのが手洗いです。カードに触れる前に、石鹸やハンドソープを使って、水道水などの流水で丁寧に手を洗います。清潔なタオルでしっかりと水分をふきとるまで、抜かりなく。これは、カードを保護する意味合いもありますが、あなたの純粋な思いやパワーをカードに伝え、反対に余計な想念やよくないパワーがカードに伝わるのを避けるための、重要なポイントです。

毎回、タロットデッキを取り出す前は、丁寧に手を洗うことを習慣づけましょう。

タロットカードを手にとりましょう

タロットカードをパッケージから丁寧に取り出したら、すべてのカードが揃っているか確認します。一枚ずつ確認しながら、ちゃんと78枚揃っているかを見ていきます。

確認できたら、今度は一枚一枚のカードに対して、ご自身がどんな印象を抱くか、を意識しながらゆっくりと見ていきます。初めてタロットカードに触れる時の第一印象は、その瞬間にしか味わえないもの。ここをしっかり意識することによって、これからのタロットカードとの付き合いが、より充実したものになるでしょう。

この時、どのカードにどんな意味があるかなど、いちいち調べる必要はありません。予備知識はもたず、ただただ手にとって、一枚一枚眺めましょう。そこにある一枚のカードに、あなたは何を感じるでしょうか。自然と湧き上がってきた印象を、そのまま受け止めます。できれば、その時の印象をひと言ずつでも書き留めておくことをおすすめします。ここで感じた第一印象が、今後、あなたがタロットカードと向き合っていくにあたっての、大切なキーワードになるかもしれないからです。タロットカードでの占いは、単にカードの意味をすべて暗記したからと、できるものではありません。インスピレーションを働かせて、タロットカードが伝えんとするメッセージをしっかりと受け止めることが肝要なのです。

きっと後になって、このタロットデッキとの初めての出会いで感じた印象の大切さに気づく時が訪れることでしょう。

タロットカードのパワーを強める6つの鍵

これから様々な悩みや懸案事項に対してのメッセージを与えてくれるタロットデッキですから、よりベストなコンディションを保てるよう配慮したいところです。

①大切に扱う

そこでまず基本中の基本となるのは、やはり「一枚一枚のタロットカードを優しく丁寧に扱うこと」です。今、ご自身の手元にあるタロットデッキは、縁あってあなたのところにやってきたもの。これからたくさんのメッセージを伝えてくれる、いわばあなたの心強い味方です。乱暴に扱ったり、その辺に無造作に放置したりしないよう気をつけましょう。また、あまりいい印象のないカードを粗末に扱ったりする話を聞くことがありますが、これも厳禁です。どのカードも、大切なメッセージを秘めている、ということを忘れないようにしましょう。

②一日に一度は触れてみる

タロットカードに慣れるまでは、少なくとも一日に一度はカードに触れるようにしたいもの。時間がない、特に占いたいことがない、という場合でも、ともかくそっと触れる機会を持ってください。そうすることによって、より心が通じ合いやすくなりますし、次に占いを行う時の気分も変わってくるでしょう。

③タロットカードに語りかける

②を踏まえたうえで、いつもカードに語りかけるようにします。声に出すのはもちろん、そっと心の中で語りかけるのでもいいでしょう。一番の親友に話しかけるような気持ちで。そうすることで、タロットカードは不思議とあなたのことをよく理解しているかのような、最善のメッセージをくれるようになるのです。

④念入りにシャッフルする

タロットカードは念入りにシャッフルします（P.166参照）。しっかりシャッフルすることでタロットカードが浄化されていき、よりカードのパワーがアップします。この時「カードに触れている」ということを意識し、その手応えを実感しようとする気持ちが大切です。

⑤ソーティングを忘れない

タロットカードをしまう際は、必ずソーティングします。ソーティングとは、78枚のカードを決まった順番に並べ直すこと（P.168参照）。まだ慣れないうちは順番通りに並べていくのは大変かもしれません。が、習慣になれば、無意識に素早く正しい順に並べられるようになるでしょう。そうなる頃には、あなたの腕前もかなり上達しているはず。

また、毎回きちんとソーティングすることは、カードのためはもちろん、あなた自身のためでもあるのを忘れずに。何も考えず、カードを順番通りに並べるのに集中することは、それまでタロットカードとの対話の世界にいたところから、日常に意識を切り替える、いわばスイッチのような役割を果たします。こうしてめりはりをつけることで、よりカードからのメッセージを受け取りやすくなると同時に、スムーズに日常生活に戻れるのです。

⑥大切に保管する

この章の扉でも触れたように、タロットカードは容器に入れて大切に保管します。ただし、あまりに大切にしすぎて、取り出しにくい奥の方にしまったりしないように。いつでもすぐに手にとれる場所を見つけましょう。また、常に同じ場所に保管するのがポイントです。いわば、タロットカードの指定席のような場所を確保するとよいでしょう。なお、初めにタロットカードが入っていたパッケージも、粗末にしない気持ちが大切。きれいに折りたたんで保管するなど、丁寧な扱いが、タロットカードとの相性を高めてくれるポイントです。

すべてはシャッフルすることから

どのようなオラクルやスプレッドでも、そのスタートはタロットカードをシャッフルすることです。シャッフルとはカードをまぜること。その方法はいくつかありますが、ここでは最も一般的でやりやすい方法を紹介します。スムーズに占いに入っていけるよう、しっかりと覚えましょう。

場を整える

タロットカードをシャッフルしたり、スプレッドを展開するには広いスペースが必要です。そのため、まずは占いの場となる机やテーブルの上を片づけて、スペースを確保します。そこにマットやクロスを敷きます。この手順を「場を整える」といいます。特にシャッフルはカードを大きく広げて行うことがポイントになるので、スペースを目一杯広く使えるようにしましょう。

また、気持ちを集中させるための環境づくりに気を配るのもよいでしょう。たとえば好みのインセンス（お香）をたく、お気に入りのエッセンシャルオイルを香らせるなどの香りの効果。また、心が落ち着く音楽をかけたり、鈴の音など心地よい音に耳をすませる、聴覚的効果。さらには優しい肌触りの部屋着を身につけるといった触覚的効果など、ご自身が心地よく、リラックスした後に気分が解放されて集中力が高まるような、そんな演出を心がけましょう。

シャッフルする

まずカードを伏せて、場の中央に置きます。それから図①のように利き手を右から左へスライドさせ、パイル（カードの山）を崩して、カードを場の全体に広げます。

次に両手でカードをぐるぐる回すように、大きくゆっくりとかきまぜます（図②）。深呼吸をして、気持ちを落ち着かせて、丁寧にまぜていきます。意識をカードに集中させながら行いましょう。この時、カードに尋ねたいことを声に出したり、心の中で唱えるようにします。誰か相手がいることなら、その人の名前を唱えながらまぜていきます。

ご自身で十分だと思うところまでまぜたら、両手でカードを中央に集めて、ひとまとめにします（図③）。この時、カードが多すぎてうまくいかないようなら、小分けにしてまとめていくのでも構いません。慣れてくれば、徐々に上手にできるようになりますから、最初は無理のないやり方を工夫しましょう。

最後にパイルを場の中心に、ご自身から見て縦向きに置きます（図④）。こうしてパイルを縦にして置くことで、現れるカードの正位置と逆位値が自然と決まります。ここまでの動作で、シャッフルができました。

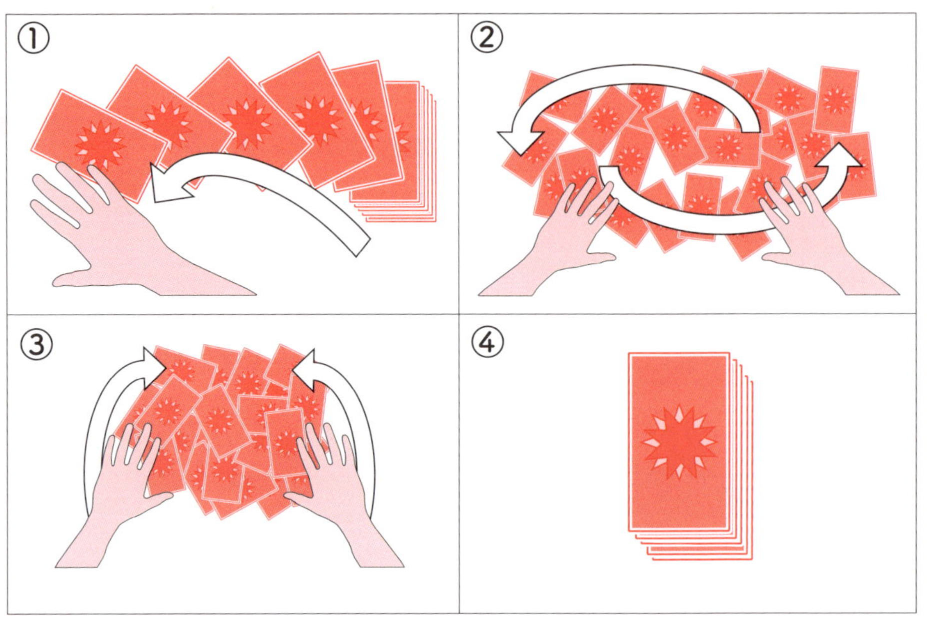

パイルを崩す

パイルから1枚だけカードを引き抜くような場合、テキストによっては「パイルを崩してカードを引き抜きます」というような指示がなされることがあります。それは図のような要領で行います。つまり「シャッフルする」の項の、いちばん最初の動作を行った後、そこからカードを1枚、引き抜けばよいわけです。

カットする

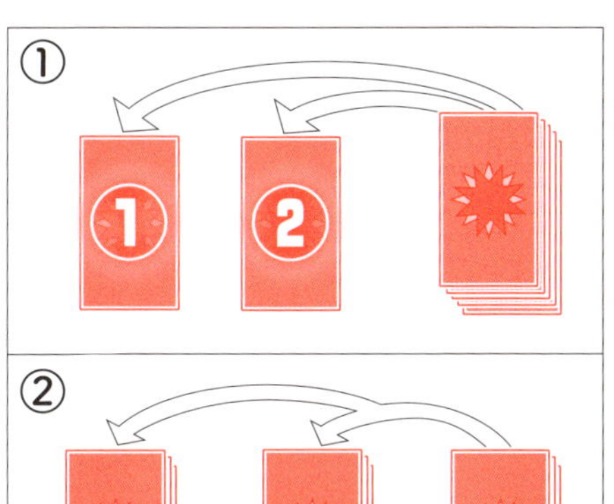

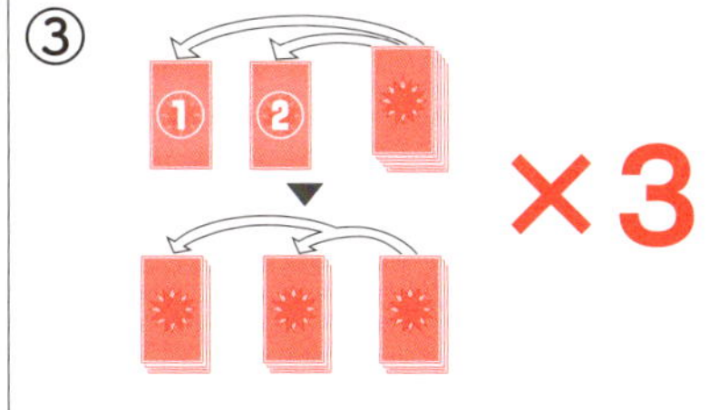

タロットカードをシャッフルした後、さらにカードがよくまざるように行うのが、この「カット」です。ここでは一般的な方法を紹介していますが、占術家やタロティストによって、パイルの数や繰り返す回数が異なる場合があります。

また、シャッフルの後、カットを行わずに、そのままオラクルやスプレッドに入ることもあります。本書で紹介しているワンカード・オラクル（P.175参照）も、カットは採用せず、シャッフルのみを行っています。

図①のようにパイルを左手で左側に3つに分けます。できるだけ等分になるように分けますが、厳密にでなくても構いません。ほぼ等分に、という感じで、その時の感覚でよいでしょう。

次にいちばん右側のパイルを中央のパイルに重ねます。そうして重ねたパイルを、いちばん左側のパイルに重ねて、3つに分けられたパイルを再び1つのパイルにします（図②）。

この手順を、3回繰り返します（図③）。これでカットができました。

カードを横に開く

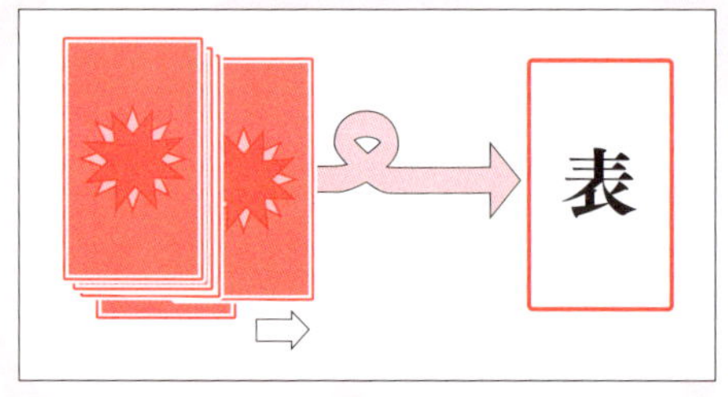

伏せてあるタロットカードを開く時、その動作でカードの向きが変わってしまわないよう気をつける必要があります。なぜならば、カードが正しい向きで現れた（正位置）か逆向きで現れた（逆位置）かによって、示されるメッセージが変わってくるからです（P.170参照）。

よくトランプゲームなどで行われる上から下にめくるように開くやり方では、伏せられた時の状態が、カードを開いた時点で逆になって現れてしまいます。それを避けるために、カードは図のように横に開きます。

ソーティングする

シャッフルから始まり、占いが終了したら、タロットカードを元通りに配列し直します。これを「ソーティング」といいます。

タロットカードはシャッフルとソーティングを繰り返すことによって浄化されていき、徐々にあなた自身のものとなり、パワーが強まります。つまり、たくさんのオラクルやスプレッドを実践することでインスピレーションや技術が磨かれるだけでなく、こうした動作によっても、パワーを増強できる、ということです。タロット占いは、必ずソーティングされたカードをシャッフルすることから始まります。このことを忘れず、毎回きちんとソーティングしましょう。

ソーティングの際の配列は「必ずこの順番でなくてはならない」という決まりがあるわけではありまん。占いによってバラバラになったカードを規則正しく並べ直すことが大切で、そのカードの持ち主にとって常に同じ配列であること、このことは必ず守ります。

基本的には大アルカナの0番の「愚者」が先頭で、21番の「世界」が大アルカナの最終、次に小アルカナの「ワンド」のエースからキング、次いで「ペンタクル」、「ソード」、「カップ」となり、カップのキングがいちばん下（つまり本書でのタロットカードの紹介順）という配列になります。

ソーティングの際は、雑念を払い、頭を空っぽにするイメージで行います。そのうえで、タロットカードへの感謝の気持ちを込めてソーティングしていくことがポイントです。

リーディングのポイント

「タロットカードのリーディングは難しい」。そんな言葉をよく耳にします。でも、どんなに高名なタロティストも、的確なアドバイスをくれる占術家も、初めはみんな初心者だったのです。最初から何もかも理解できていたわけではないはず。だとしたら……。

時間がかかって当たり前

タロットデッキが78枚で一揃いであることは、すでにご存じのことと思います。しかもそれが大アルカナと小アルカナに分かれ、さらに小アルカナはニューメラルカードとコートカードに分かれて、そのうえ、正位置と逆位置がある。「タロットカードのリーディングが難しい」といわれるのは、この複雑なカード構成が要因のひとつになっています。

「まず、これを全部覚えなくては」そんな気持ちで取り組み始めると、いつになったら占えるところにたどり着けるかわからない、ということになって、そこで挫折してしまう場合も少なくないでしょう。これだけのボリュームですから、覚えるのに時間がかかって当たり前です。全部覚えないと占いを始められない、などと思わずに、占いをやりながら少しずつでも覚えられたら、くらいの気持ちで取り組みましょう。

特に「ワンカード・オラクルを応用し今日の運勢を占う（P.176参照）」などで、毎日カードに触れる機会をつくることが、より早く覚える近道になります。実践を通じて一枚一枚をチェックしていくことができるので、覚えようと頑張らなくても、自然と頭に入ってくるものです。早く覚えようと焦るより、ゆっくりでも自分のペースで覚えていこう、という気持ちを大切に。

カードは多彩な解釈ができる

次に課題となるのは、現れたカードをどのように解釈していくか、です。先に説明したように、タロットカードの複雑な構成が、リーディングを難しいと感じさせる要因なのですが、特に「どんな時期が判断のベスト？」と尋ねているのにコートカード（人物札）が現れた。「味方になってくれる人は、どんな人？」と聞いたのにニューメラルカード（数札）が現れた。などなど、質問に対して現れたカードがちぐはぐに思えたりすると、途端にそこでリーディングがストップすることになりかねません。この、質問と現れたカードとのギャップがリーディングは難しい、と思わせてしまうわけです。

これから経験を積んでいこうという初心者は、本書のような解説書を頼りにリーディングしていくことになります。と、そこに納得のいくキーワードがないと、どう解釈したらいいかわからなくなって、暗い森に迷い込んだような気分になるでしょう。

けれどもタロットカードには、どれも多彩な意味合いが込められているもの。解説書を参考にしつつも、ご自身のイマジネーションを広げて、より深くカードからのメッセージを読み取ろう、と意識する必要があります。タロット占いは、カードとの対話であり、現れたカードが何を告げようとしているのか、積極的に耳を傾けよう、という姿勢が大切なのです。

以上のようなことを踏まえ、数々のリーディングに挑戦していきましょう。そこで具体的なリーディングの手がかりになるポイントについては172ページから紹介します。

正位置と逆位置について

トランプは上下どちらからでもほぼ同じに見えるように上下対称のデザインになっているものが多いのが特徴です。それに比べてタロットカードは一枚一枚が絵画のように美しく、明らかに上下がはっきりとわかる構図になっている場合が多いもの。そのため場に置いたカードが、占者から正しく見える（正位置）か、逆向きに見える（逆位置）かが明確にわかります。

そこで場に正位置で現れたか、逆位置で現れたかで示される意味合いも変わってくる、との解釈がなされています。ただし必ずしも逆位置が正位置の反対の意味合いになるとは限りません。場合によっては逆の意味合いのこともあるでしょうが、意味合いが弱まったり、悪い面が強調されたりと、解釈は様々です。これもまたリーディングを難しくしている一因ではあるでしょうが、この多様な解釈こそが、タロットリーディングの醍醐味でもあるのです。

とはいえ、正しく現れても逆向きに現れても、それは同じカードに違いはないから、解釈も変わらない、という考え方をする占術家やタロティストもいます。タロットカードの正逆を採用するかしないかは、意見が分かれるところです。

本書では正位置と逆位置では示される意味合いが変わってくる、との立場で、正逆両方を解説しています。それは、筆者が「タロットカードは何らかのメッセージを携えて場に現れる。その現れ方に正位置だったり逆位置だったりと違いがあるのなら、それは偶然の中の必然であり、そこにも何らかのメッセージ性があるはず」と考えるからです。けれども、それが正しいと言い切るつもりはありません。あなたがどちらの考えに賛同し、どうリーディングするかは、あなた次第です。どちらの考え方がよりご自身にフィットするかを熟考し、判断しましょう。

コンビネーションリーディングと四大元素

場に現れたカードをリーディングしていく時、一枚一枚の意味合いを読み取るだけでなく、隣り合ったカードなど、周辺に現れたカードとの関係性にも注目していきましょう。こうしていくつかのカードを組み合わせて見ていくことを「コンビネーションリーディング」といいます。

四大元素の相互関係を解釈する

78枚のカードの意味合いを理解するだけでも大変なのに、そこに持ってきてカードの組み合わせまで把握しなければならない。しかも、組み合わせは無数にあり、それを全部覚えるなんて無理、といわれることがあります。このようにコンビネーションリーディングの必要性もリーディングが難しい、といわれるゆえんになっているでしょう。

コンビネーションリーディングのポイントは、それぞれの関係にストーリー性をもたせて解釈していくことです。断片的にカードのキーワードをチェックするのでなく、そこに物語の流れや、相互関係を見つけながら解釈していくわけです。

コンビネーションリーディングには様々な手法があり、ある特別なカードの組み合わせに特化して説明しているテキストや、細かく実例をあげて解説されているものなど、多彩な方法を見つけることができます。

そんな中で、本書では四大元素をもとにしたコンビネーションリーディングを紹介します。それは、78枚のカードが四大元素である火・地・風・水のいずれかに属しており、その関係性がわかりやすいからです。四大元素には力関係があり、そこを理解することによって、場に現れたカードの関係性を探る有効な手がかりになります。場に現れたカード同士の力関係や影響の及ぼし加減を、この方法で上手に把握しましょう。

四大元素の関係性からリーディングを

ではまず、火・地・風・水の四大元素の関係性を見ていきましょう。

＊火は風に弱く、水と打ち消し合い、地とはさほど影響し合わない

火は風によって適度な酸素を供給されることで、勢いよく燃え上がります。けれども風向きによって燃え広がる方向が変わったり、場合によっては吹き消されてしまいます。つまり火は風の影響を受けやすく、風より弱い立場となります。

水との関係は、火の勢いが強すぎると水を水蒸気として蒸発させてしまい、逆に水の勢いが強ければ消火されてしまう。つまり互いに打ち消し合う関係です。場合によっては互いにうまく協力し合って温かいお湯を供給できるかもしれませんが、それには絶妙なバランス関係が必要で、容易ではないでしょう。

＊地は風に強く、水に弱い

風がどんなに強く吹き荒れたとしても、地は頑としてその風に動かされることはありません。逆に頑丈な地は風の行く手を阻むことができ、風が地を思う通りにはできないため、地は風に強い関係です。

けれども地は、水に対しては弱くなります。なぜなら、水は容赦なく地に染み込んでいき、しまいには地を押し流してしまうほどの力をもっているからです。

＊風は水に強い

少し風が吹いただけで、水は揺れ波紋を作ります。強風が吹けば一気に吹き飛んで散逸してしまいます。つまり水は風の影響を受けやすく、風の方が強い立場にあります。

このような火・地・風・水の関係性を表したものが下の図です。

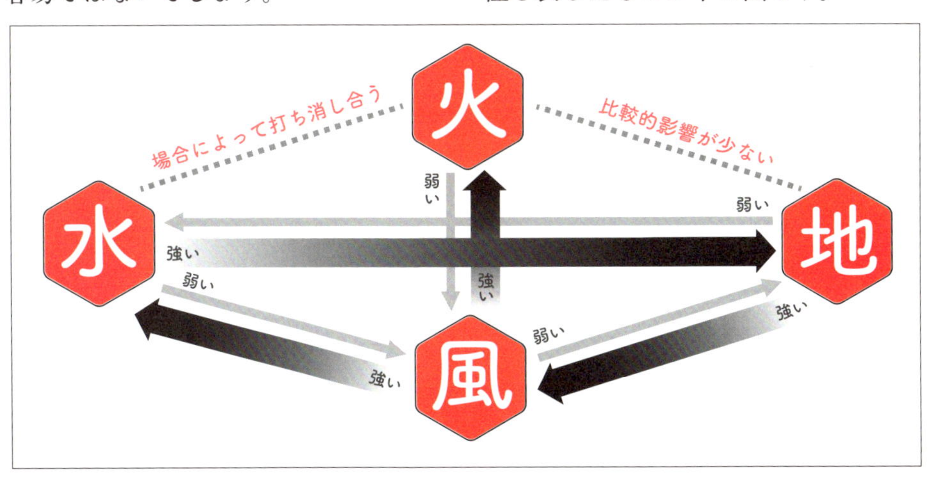

四大元素によるカードの分類

四大元素の関係性を把握できると、場に現れたカードとカードの関係性も何となくつかめてくるでしょう。それぞれのカードが四大元素の何に属するかは、下の図の通りです。ただ、小アルカナのコートカードに限っては、スートの属性と人物の属性の両方を併せ持つ形になります。たとえばワンドのペイジなら、ワンドが火に属し、ペイジが地に属するので火の地となり、両方の特性をもつというわけです。

大アルカナ Ⅳ 皇帝 Ⅷ 力 Ⅹ 運命の輪 ⅩⅣ 節制 ⅩⅥ 塔 ⅩⅨ 太陽 ⅩⅩ 審判 小アルカナ ワンド コートカードのキング	大アルカナ Ⅴ 法王 ⅩⅤ 悪魔 ⅩⅪ 世界 小アルカナ ペンタクル コートカードのペイジ	大アルカナ 0 愚者 Ⅰ 魔術師 Ⅲ 女帝 Ⅵ 恋人 Ⅸ 隠者 Ⅺ 正義 ⅩⅦ 星 小アルカナ ソード コートカードのナイト	大アルカナ Ⅱ 女教皇 Ⅶ 戦車 Ⅻ 吊るされた男 ⅩⅢ 死神 ⅩⅧ 月 小アルカナ カップ コートカードのクイーン

総合的な判断力を目指しましょう

コンビネーションリーディングについて、ここまでは四大元素に分類してタロットカードの関係性を見てきました。が、カードのメッセージを少しでも多く理解しようと思ったら、いくつもの要素を考慮していかなければなりません。それらの要素をまとめると、以下になります。

①カードの種類別影響度

最も影響が大きいのが大アルカナで、次いで小アルカナのコートカード、そして小アルカナのニューメラルカードの順となります。

②カードのもつ意味合い

③カードが現れた位置

④質問の内容（テーマ）と状況

⑤四大元素の特性と関係性

これらの要素を複合的に捉え、様々な角度からのリーディングを目指します。最初からすべて考慮するのは難しくても、慣れるに従い、徐々にできるようになるでしょう。

ワンカード・オラクル
[One Card Oracle]

いよいよタロットカードを使ったリーディングを始めましょう。まずは1枚のカードからメッセージを受け取る、ワンカード・オラクルを紹介します。1枚だけドロー（カードを引く）して占うため、何枚ものカードの意味合いを合わせてリーディングする必要がなく、シンプルで初心者にも取り組みやすいでしょう。もちろんカードの意味合いを深く読み解くことで、より的確なメッセージを受け取ることもできますから、経験者にも意義深い方法です。

1枚のカードからメッセージを読み取る

ワンカード・オラクルは、大アルカナ22枚を使って占います。タロットカードは「より具体的な質問を投げかけることによって、答えを導き出す」という考え方が基本です。そのため「今日の面接はうまくいく？」「今日は出会いに恵まれる？」などできるだけ具体的な質問をしながらカードを1枚ドローして、現れたカードからメッセージを読み取っていきます。

用意するもの
- ◎大アルカナ全22枚
- ◎敷物（マットやクロス）

方法

1

準備

大きく深呼吸して気持ちを集中させ、敷物の上で大アルカナの22枚のカードをよくシャッフルします（P.166参照）。

この時、カードに尋ねたいことを心の中で唱えます。その時の気分によっては、声に出して言うのもいいでしょう。

2 シャッフル

自分がこれでいいと思うまでシャッフルして、カードをひとまとめにします。まとめたカードの山を「パイル」といいます。パイルを縦位置で自分の正面に置き、左手で左方向に山を崩すように少しスライドさせます。

3 ドロー

目を閉じ、スライドさせたカード群から右手で「これ」と思う１枚を抜き取ります。この時、カードをスライドさせるように抜き取り、横から開きます。前後にめくるように開くと、カードの向きが逆になってしまうので気をつけましょう（P.168 参照）。②と③の動作について、左利きの人は逆の動作になります。

現れたカードが、あなたの質問へのメッセージを告げてくれます。

ワンカード・オラクルを応用し今日の運勢を占う

タロットカードを始めたばかりなら、現れたカードによっては、どのような解釈をしたらよいか、迷うことも少なくないでしょう。うまく読み解くことができない場合もあるかもしれません。そこで、ここではワンカード・オラクルで毎日の運勢を占うことをおすすめしたいと思います。

毎日、その日の運勢をタロットカードに尋ねてみるわけです。毎日のようにカードに触れ、そのカードの意味を覚えていくことによって、少しずつカードへの理解度が増してくるはず。そしてカードに慣れ親しむことによって、心の通じ合いが生まれ、カードからのメッセージをより受け取りやすくなるのです。

「今日の運勢は？」というカードへの質問は、少し漠然としているように感じられるかもしれませんが、「２０××年、何月何日の運勢は？」と明確に日にちを限定してカードに問いかけることによって、限定した１日の全体的な運勢を見ることができます。

基本的な占い方は、前述の「方法」と同じですが、大切なのはその日の数字の計算と、その数にもとづいたカードの切り方です。詳しくは右ページの「方法」で解説しますが、慣れてしまえばさほど難しいことではありませんので、ぜひ実践してみてください。

最初は「どうしてこのカードが？」と疑問に思うようなことがあるかもしれません。しかし、その日一日を振り返ってみることで、「もしかしたら、あの時のあのことをカードが指していたのかも」と心あたりのことが思い浮かんだりするでしょう。

さらに、その日の占った後、現れたカードとその日の出来事を日記のように記録しておくこともおすすめです。自分自身の大切な記録になりますし、カードからの暗示と一日を振り返り、出来事との照合を繰り返すことで、翌日または未来の自分のあり方をよりよくする手がかりになったり、別の悩みへのヒントにもなりうることでしょう。

方法

その日の運勢を表す数字の計算方法

例：2022年11月24日の場合

1. 西暦で配列される数字をすべて分解した後、その数を足し算する。
   例：2＋0＋2＋2＋1＋1＋2＋4＝14
2. さらに一桁になるまで分解し、足し算する。
   例：1＋4＝5
3. この5が2022年11月24日の運勢を表す数字となる。

1　準備とシャッフル

　朝、目覚めたら、できるだけ緊張感のある間に実践しましょう。基本のワンカード・オラクルの方法と同じように、一度大きく深呼吸して気持ちを集中させて、大アルカナの22枚のカードをよくシャッフルします（P.166参照）。

2　算出

　上の計算方法で、今日の日付の数字を西暦からすべて、一桁になるまで足し算をし、最後に残った「一桁の数字」を覚えておきます。

3　カット

　シャッフルしたカードをひとまとめにして両手で持ち、「〇年〇月〇日（その日の日付）の運勢を教えてください」と声に出して唱えます。この時、目を閉じるなど、精神を集中させるのがポイントです。それから②で算出した数だけ（例の場合は計算して出た数が5なので、5回）カードを切ります。

4　カードを横に開く

　パイルを縦向きに置いて（あるいは縦向きに手のひらにのせ）、上から②で出した数の順番のカードを引き出します。つまり計算の数が5だった場合は、5枚目のカードを引き出します。

この時に注意しなければいけないのは、必ず横に開くことです（P.168参照）。上から下にめくるように開いてしまうと、カードを開いた時に逆さまになってしまうからです。正位置、逆位置によってカードが暗示する内容が変わるので、この開き方は間違わないように。

5 心がける

どのようなカードが現れたでしょうか。カードが暗示する内容は、本書の各カードの解説を参照してください。カードが暗示する内容を受けて、その日がよりよい一日になるよう心がけましょう。

6 その他

その日の運勢を教えてくれたカードは、「その日のお守り」にするのもおすすめです。白い無地の封筒に、そのカードを入れて、封筒の中にフーッと息を吹き込んだ後、ふたをします。閉じた封筒を左右の手のひらではさみ、目を閉じて「今日がよい一日になりますように」と唱えたら、カードを封筒から取り出して、他のカードと一緒に、いつも通り大切に保管します。残された封筒には、カードがもつパワーと、あなたの誠実な思いが込められました。この封筒は、一日のお守りになってくれます。その一日は、この封筒を持ち歩きましょう。

前日にシャッフルだけを終えておく方法も

ワンカード・オラクルでの「今日の運勢を占う」は、まず「その日の数」を確認しておく必要があります。これは必ずその日に算出しなくてはならないわけではないので、あらかじめ計算しておき、手帳やカレンダーに書き込んでおくと便利です。

また、シャッフルそのものは必ずしも当日の朝でないといけないということではありません。朝起きるのが苦手だ、朝は出かける準備で忙しくて時間の余裕がないという場合は、前日の夜にシャッフルする方法もあります。「方法1」の通りのやり方でシャッフルしたら、その状態のまま、日頃カードの保管に使用しているきれいな布などで丁寧に包み白い無地の封筒の上に置き、ベッドサイドや枕元にカードを引き出さないまま置いておきましょう。当日の朝、目覚めた後､前日シャッフルした状態から「方法２～4」の手順でカードを引き出します。

ワンカード・オラクルでの今日の運勢の占いは、その日１日を占うだけでなく、継続的に行うことで、自然とリーディング能力も身についていきます。ぜひ実践してみてください。

ケルト十字法

［Celtic Cross Spread］

ケルト十字法は数あるスプレッドの中で、最も人気があり、最もよく採用されているスプレッドのひとつです。スプレッドの手順やリーディングについて、詳しく紹介します。ぜひ覚えて実践してみてください。

左側に十字、右側縦1列のケルト十字法で占う

ここからは大アルカナ22枚、小アルカナ56枚の78枚のカードすべてを使って占うケルト十字法をご紹介します。

ケルト十字法（Celtic method、ケルティック・メソッド、Celtic Cross Spread、ケルティック・クロス・スプレッド）は、左側に十字の形に置かれたカード群と、右側に縦1列に置かれたカード群が組み合わさったレイアウトが基本です。

悩みや懸案事項を時系列で見ていきながら、その事柄に対する気持ちを細かく確認したり、さらに状況を見ていくなど、じっくりと考えながら時間をかけて丁寧に占っていく方法ですから、初心者でも比較的取り組みやすいスプレッドといえます。

ただ最も人気があり、最もよく採用されているとはいえ、カードのドロー順（引いて並べる順番）や枚数、リーディングの内容にはタロティストや占術家によって、微妙に違いがあります。それはこのスプレッドが古くから伝わるものでありながら、実践にもとづいて途中途中で少しずつアレンジや変更が加えられてきたからです。それぞれのタロティストや占術家が、これがベストと信じる方法を採用していて、どれが正しくどれが間違っている、ということではありません。ですから、いろいろな展開法やリーディング法を見比べて「この方法がよさそう」と思うメソッドを採用してほしいと思います。また、「こっちの方がよさそう」と思うメソッドを見つけたら、そちらに変えてみるのもいいでしょう。いずれにしても、その時にあなたが一番よいと感じるメソッドで実践してみてください。そのうちに、自分が一番しっくりくるものがわかってくるでしょう。ここでは、著者がずっと行ってきたドロー順とレイアウト、リーディングを紹介します。

用意するもの

- タロットデッキ一揃え（大アルカナ22枚、小アルカナ56枚）
- 敷物（マットやクロス）

ケルト十字法　ドロー順、レイアウト

カードに尋ねたい内容や知りたいこと、悩み事を具体的に思い浮かべながら（声に出して問いかけながら）シャッフル、カットを行います（シャッフル、カットの方法はP.166、167参照）。シャッフル、カットを終えたカードをパイルの一番上から図のようなドロー順で並べていきます。すべて並べ終わったらカードを開きます。この時、カードの正逆が変わってしまわないように、上下ではなく横から開きます（P.168参照）。

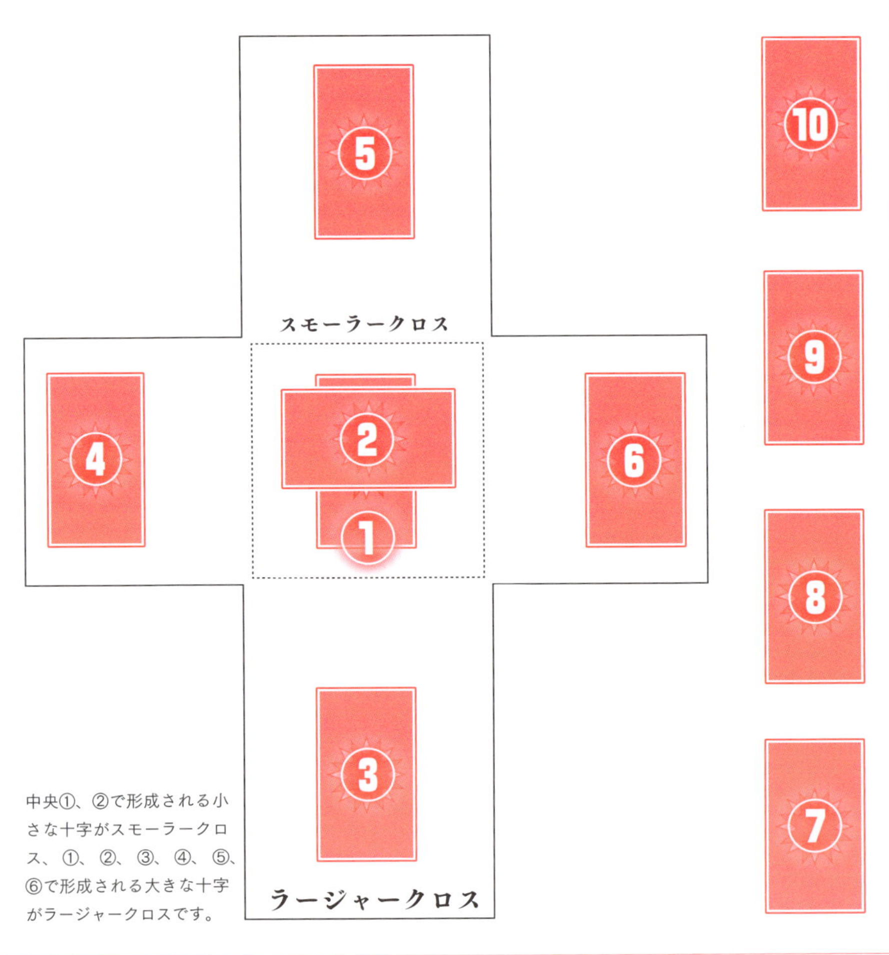

中央①、②で形成される小さな十字がスモーラークロス、①、②、③、④、⑤、⑥で形成される大きな十字がラージャークロスです。

ケルト十字法 リーディング

並べ終えたカードを開いたら、いよいよリーディングに入ります。複雑に並んだ10枚のカードを読み解くのは難しいと感じるかもしれません。けれど、悩みや懸案となっている事柄に対して、筋道を立ててストーリーを組み立てるようにリーディングしていくことで、自然な流れをつかむことができます。そうすれば、客観的に状況を把握し、起こりうる可能性や、どうしたらいいのかが、自ずとわかってくるでしょう。

近い未来の状況 d

ラージャークロス

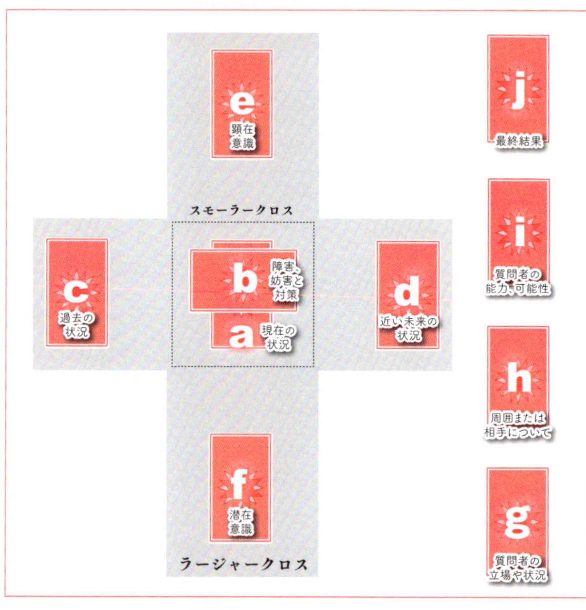

a ＝現在の状況
b ＝障害、妨害と対策
c ＝過去の状況
d ＝近い未来の状況
e ＝顕在意識
f ＝潜在意識
g ＝質問者の立場や状況
h ＝周囲または相手について
i= 質問者の能力、可能性
j ＝最終結果

リーディング

1

まず、a と b のスモーラークロスに注目します。a には「今、どのような状況になっているのか」という現在の様子が、b にはそのことについて障害や妨害になっている事柄や人物が示されます。また、打てる対策が示される場合もあります。ここにネガティブな意味合いのカードが現れたら障害や妨害を、ポジティブな意味合いのカードが現れたら対策を示しますから、しっかりとカードの特徴をつかみましょう。

つまり、悩みや懸案事項の焦点となるポイントがこのスモーラークロスに現れるのです。恋人とのことや友人関係など、相手がいることなら、ここに相手との関係性が現れます。なお、b のカードは a を横切るように横位置で置かれますから、このカードに正位置か逆位置かの判断は適用しません。b に現れたカードはすべて正位置としてリーディングします。

2

次にラージャークロスの中のcとdを見ていきます。cには過去の状況が、dには近い未来が示されますから、どのような経緯（cの過去）をたどって現在（a）に至り、そして近い将来（d）はどうなるのか、がわかります。特にdには、このままだとどうなっていくのか、という近い未来が示されます。最終的にどのような結末になるか、という最終結果はjに示されますから、そこに至る前段階の近い未来が示される、と捉えるとよいでしょう。ここをしっかりと順序立ててストーリーを組み立てるようにカードの意味合いを考えていくことによって、悩みや懸案事項の推移がわかってきます。

3

さらにラージャークロスの中のeとfを見ていきます。eには悩みや懸案事項について、質問者がどんな気持ちでいるか、が示されます。また、そのことをどう捉えているか、がわかります。特にどうしたらいいかわからないからタロットカードに尋ねようと思うわけですが、ここに現れたカードで気持ちが整理できたり、何らかの気づきがもたらされる場合も少なくないでしょう。fには質問者が自分自身でも気づいていない、心の奥底に隠された気持ちが示されます。本当はどうなると思っているか、どうしたいと思っているのか、が表されるのです。ここを見ることによって、質問者の本音に迫ることができるでしょう。また、「〇〇すればいい、と頭ではわかっているけど、そうできない」といった、心の葛藤と、葛藤の原因が現れる場合もあります。

スモーラー、ラージャーの各クロスの状況を把握

まず1～3の手順で、スモーラークロスに対するラージャークロスの状況をしっかりと把握します。そのうえで、リーディングを進めます。そうすることで、質問者の悩みや懸案事項に対する姿勢や、それが引き起こされたきっかけがわかり、対策や解決の糸口がよりつかみやすくなります。状況を整理して、冷静に考えてみるのがポイントです。

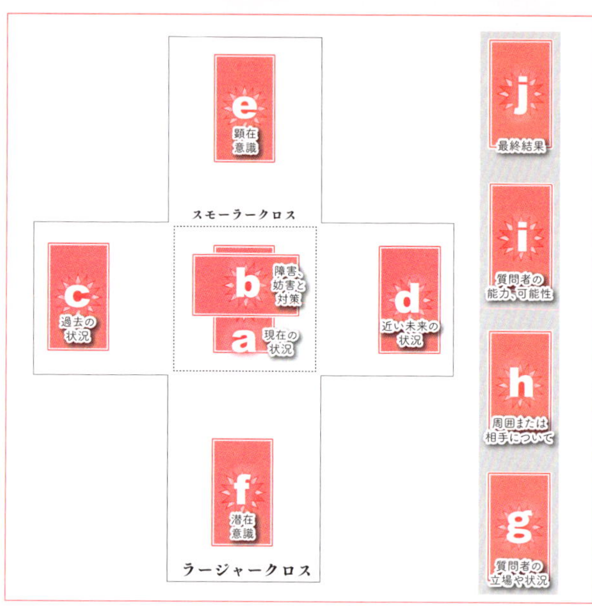

a ＝現在の状況
b ＝障害、妨害と対策
c ＝過去の状況
d ＝近い未来の状況
e ＝顕在意識
f ＝潜在意識
g ＝質問者の立場や状況
h ＝周囲または相手について
i= 質問者の能力、可能性
j ＝最終結果

4

gのカードを見ていきます。ここには質問者の立場や状況が示されます。どんな立場におかれ、どのような状況になっているか、がわかりますから、今後どのようにしたらよいかを考える重要なヒントになります。また、質問者がそのことをどう思うかまで踏み込んで考えることで、より質問者のパーソナリティーがわかりますから、どんな解決法が質問者に適しているかを知る糸口になるでしょう。

5

hのカードを見ていきます。ここには周囲や相手のことが示されます。質問者の悩みや懸案事項に対して、周囲や相手はどう見ているのか、どう思っているのか、がわかります。質問者の周囲の人間関係が表されますから、味方になってくれる人物や警戒すべき人物、悩みや懸案事項が解決されやすい環境かどうか、などがわかります。それによって、質問者が周囲や相手に対して、今後どんな振る舞いをするのが適切かまで、導くことができるでしょう。

6

　iのカードを見ていきます。ここには質問者の能力や可能性が示されます。悩みや懸案事項に対して、質問者には何ができるか、逆にできないかが現れますから、ではどうしたらいいか、までを考える鍵になります。また、質問者のもっているパワーやモチベーションを知る手がかりにもなります。

7

　jのカードを見ていきます。このカードが最終結果、つまり悩みや懸案事項にもたらされる結末が示されます。たとえここに歓迎できないカードが現れたとしても、bに対策が考えられるカードが現れていたら、悩みや懸案事項をクリアする可能性が十分にあります。また、dの状況やg、h、iの詳細によっては、上手な解決法を導き出し、jの結果を克服できる可能性があります。また、逆にjに嬉しい結末が待っていたとしても、g、h、iでの考慮が不十分だと、せっかくのハッピーエンドも薄っぺらいものになってしまう可能性があります。

リーディングで導き出される事柄について

　ここまで、ケルト十字法のスプレッドとリーディングについて、一通り説明してきました。すぐにスムーズなリーディングまでできるようになるのは難しいでしょうが、何度も様々な課題や悩み、懸案事項に向き合い、占っていくことで徐々に実力がついていくでしょう。

　また、最終結果が出るのだから、そこだけわかればいい、と言われることがあります。が、最終結果だけを見て一喜一憂するのはナンセンスです。そこまでに至る経緯や状況、心理状態など、順を追って見ていくことで、課題や悩み、懸案事項の解決や、よりよい方向に向かうための手がかりを見つけること、それが大切なのです。ケルト十字法、ひいてはタロットカードは単に結末を予言するだけのものではない、と

筆者は考えます。今、あなた自身、またはあなたの前の質問者が抱える課題や悩み、懸案事項に対して、どのように考え、どのように向き合い、そしてどのように対処していくか、それを一緒に考え、よりよい方向に導くメッセージを示してくれるもの、それがタロットカードなのです。こうして占うことによって導き出されたメッセージを参考にして、納得のいく状況なり結果を手に入れる、それを目指して精進したいものです。

ホロスコープ法

[Horoscope Spread]

ホロスコープ法はケルト十字法と並んで人気のあるスプレッドです。13枚と比較的多くのカードを場に展開しますが、総括的に運勢を見ていくため、長期的な展望や漠然とした質問にもメッセージを得られます。

占星術のハウスの概念をタロットに

ホロスコープ法（Horoscope Spread）とは、そのタイトル通り占星術のホロスコープに由来するスプレッドです。占星術のホロスコープには、ハウス（室）という概念があります。ホロスコープの12分割されたハウスには、それぞれテーマがあり、そのテーマの運勢が示されます。たとえば第4ハウスは家族や家庭生活がテーマであり、家族運や家に関することが示される、というように。つまり12の様々なテーマについての運勢が示されるので、大切な時期の運勢を知りたい、というような時に実践してみるとよいでしょう。

用意するもの
- タロットデッキ一揃い（大アルカナ22枚、小アルカナ56枚）
- 敷物（マットやクロス）

方法／リーディング

1　占いたいことを唱えながらタロットデッキをシャッフル、カットして（P.166、167参照）、伏せた状態のカードを右ページの図の順番通りにドローします。それから同じ順番でゆっくりとカードを開いていきます。この時、カードは横から開きましょう（P.168参照）。

2　相談や質問に対して、どのハウスにどのようなカードが現れたかを見ていきます。たとえば「この恋の行方は？」という質問の場合、まずは恋愛がテーマである第5ハウスに注目します。ここにどんなカードが現れているかが大切になります。仮にここに嬉しいメッセージのカードが現れていたら、その恋にはかなり期待がもてそ

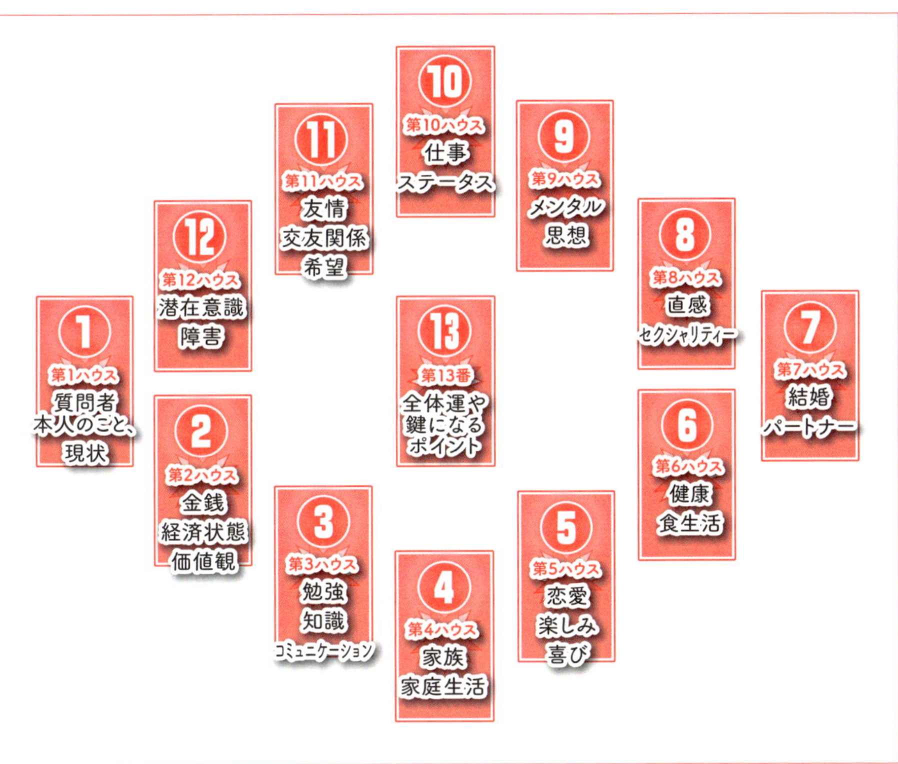

う、ということがわかります。

でも、それで安心してはいけません。次に他のハウスのカードを見ていきましょう。この恋に対する状況を総括的に見ていくわけです。そこでたとえば、第２ハウスに懸念されるカードが現れていたら、うまくいくはずの恋も金銭トラブルが障害になるかもしれない。金銭面には要注意だ、というリーディングができるわけです。逆に恋愛がテーマの第５ハウスのカードがよくなかったとしても、他のハウスのカードがよければ、そこからうまくいく可能性がある、というように。

このように、質問や相談内容に合致したテーマのハウスを中心に、他のハウスとの関連性を考慮しながらリーディングしていきます。

3

最後にスプレッドの中央、第13番のカードを見ていきます。ここには悩みや懸案事項など、相談内容に対する全体運や鍵になるポイントが示されます。そこまでのリーディングがさらに補強されたり、逆にターニングポイントとなるような事柄が暗示される場合もあるでしょう。こうして、多角的に相談内容に対するカードからのメッセージを読み取っていきます。

ホロスコープ法で時間枠の運勢を占う

このホロスコープ法は、一年を通しての運勢や、時期を区切っての運勢（たとえば来年9月の留学はどうなる？　というような）など、時間枠に対する占いにも適しています。この場合、12のハウスは図のようにそれぞれ12の月に相当します。中央の13番目のカードには、全体運や鍵になるポイントが示されます。この13枚のカードからリーディングします。

方法

1

悩みや懸案事項など、占いたいことを唱えながら、タロットデッキをシャッフル、カットします（やり方はP.166、167参照）。カードを伏せた状態で、カードを図の順番通りにドローします。それから同じ順番でゆっくりと横からカードを開いていきます（P.168参照）。

2

①来年の運勢は？　年間の運勢を知りたい場合＝1月から順に12月までを満遍なく見ていきます。どの月が好調で、どの月が要注意か、というように毎月の運勢が、それぞれの月が相当するハウスに現れます。
②9月に留学を予定しているけれど？　限定された期間の運勢を知りたい場合＝知りたい運勢の月を中心に見ていきます。最初に知りたい月のハウスに現れたカードから、その月の運勢を見ましょう。次に知りたい月より前の月のハウスをチェック。どうしてそういう運勢になるのか、という経緯が示されるからです。さらに知りたい月の後のハウスもチェックします。その月の運勢が、その

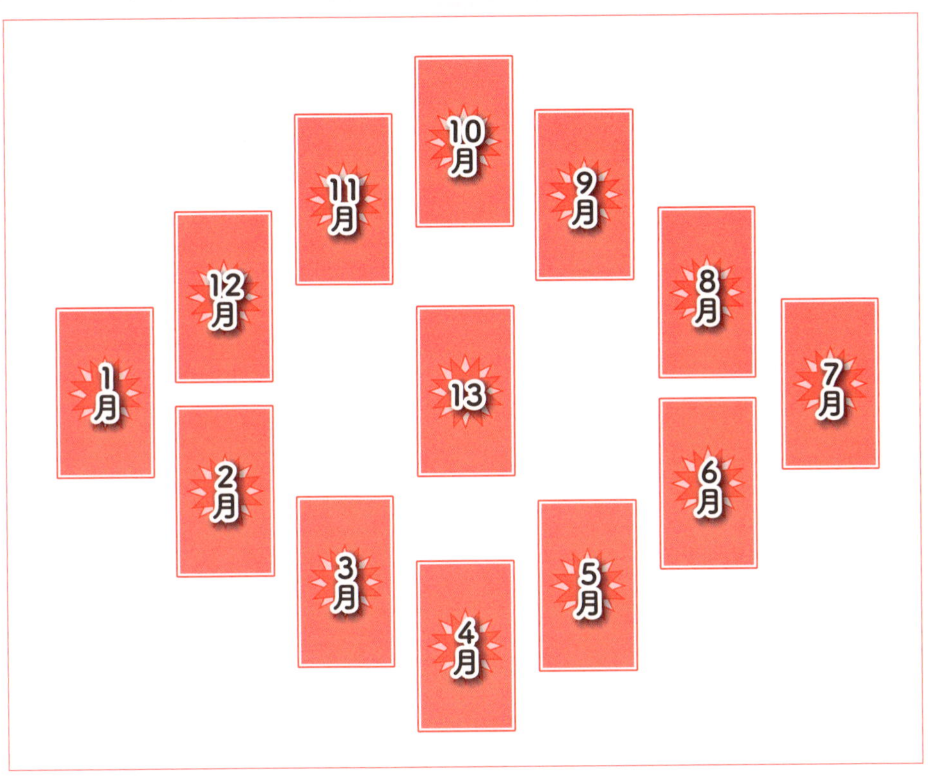

後どんな影響を及ぼす可能性があるのか、を見ていくためです。その後、全体を見て、運勢の流れを把握しましょう。
③転職するなら何月がいい？　判断や行動に適した月を知りたい場合＝1月から12月まで、すべてのハウスの運勢を比較して、より適切な月はいつなのかを見ていきます。同様の方法で、要注意の月もわかります。

3

最後にスプレッドの中央、13番のカードを見ていきます。ここには相談内容に対する運勢全体の勢いや注意すべきポイントが現れます。

＊なお、先に説明したように「ホロスコープ法」は人気があり、多くの占術家やタロティストが採用している方法ですが、各々のハウスのテーマやリーディング方法は多様です。様々な方法を比較し、ご自身が最も有効と思われるメソッドを採用するとよいでしょう。

リーディングを深めるには

[How to Do Tarot Reading]

78枚のタロットカードについて、本書の説明をすべて暗記すれば、それで素晴らしいリーディングができるようになるとは限りません。そうして知識を詰め込むよりも、もっと大切なことがあるのです。

自信をもってリーディングを！

1枚のタロットカードが暗示する内容は多岐にわたるため、そのどれが悩みや懸案事項に有効なのか、判断の難しいことが少なくないでしょう。そのためリーディングも不安の中で行い、もたらされる答えも弱気になりやすいもの。特に初心者なら、そうなってしまうのは無理もありません。

けれど不安の中で弱気なリーディングばかりしていたのでは、いつまでたってもカードから引き出せるメッセージに納得はできないでしょう。どんなに経験が少なくても、堂々と自信をもってリーディングするのが大切なのです。

私はカードが伝えようとしていることをちゃんと受け取れる、という気持ちでリーディングしていく姿勢を目指しましょう。

自分にはとても無理、なんて思わないでください。あなたには上手にリーディングしていく才能がきっとあるはず。今すぐに、というわけにはいかないかもしれませんが、勉強を続け経験を重ねることで、技術や能力はぐんぐん向上していくでしょう。タロットカードに興味をもち、本書を手にとってくださった、そのことが、すでに「あなたにはリーディングの才能がある」と証明しているようなものなのですから。

タロットカードとの対話を大切に！

タロットカードを始めようと思ったら、最初は本書のようなテキストを参考にするのはもっともなことです。けれども、タロットカードに親しみ、徐々に占いの方法やリーディングに慣れてきたら、テキストには頼りすぎないようにしたいものです。

というのも、タロット占いは、あなたとタロットカードとの対話でなされるものであり、何よりもあなた自身のインスピレーションがリーディングには有効だからです。せっかくのインスピレーションをテキストからの先入観で否定したりしないよう気をつけましょう。

そのうえで、タロットカードのメッセージを物事がいい方向に向かうために役立てたい、幸せを引き寄せるための参考にしたい、というようにプラス方向の考え方をするのがポイントです。そういう気持ちがあれば、タロットカードからどう判断、行動したらよいのか、納得のいくアドバイスを受け取ることができるでしょう。

そうして幸せを導いてくれるタロットカードへの感謝を忘れずに、大切に扱い保管すること。普段の生活に大いに活用するよう心がけること。それがリーディングを深め、よりよいメッセージを受け取るための基本です。

おわりに

実は本書に取り組んでいる間、これでもか、というほど何度も試練や困難に見舞われ、一時は完成を諦めようか、というところにまでなりました。そのたびに編集者やイラストレーターさんなど関係者に多大な心配と迷惑をかけ、それでもご理解と励ましをいただき、本当に感謝ばかりです。今回、このメンバーでなかったら、完成までこぎつけられなかったと思います。

しかしこうして振り返ってみると、身に降りかかった試練や困難も、このタイミングで訪れたことに何か意味があるように思えてなりません。このタロット占いの本だからこそ、そうした試練や困難を乗り越えながら完成させるべきものであった、と。

今、あなたの身にも試練や困難が降りかかっているかもしれません。ご自身のことを、幸せとは全く思っていないかもしれません。けれど、そのことにも何か意味があって、それを乗り越えた先には、きっと笑顔が待っているでしょう。

私は「人は誰もが幸せになる義務と権利を携えて生まれてきた」と思っています。せっかくこの世に送り出され、生かされているのですから、その生を全うし、豊かな人生を歩むべきだと。そのために全力でベストを尽くす。それができることそのものが幸せなのではないでしょうか。幸せと積極的に向き合うこと、あなたがそれを目指してくださることを願ってやみません。本書を手にとってくださったあなたが、幸せを実感できますように。

ルナ・マリア

著者 ルナ・マリア

独学で神秘分野の研究を始め、タロット占術、西洋占星術、トランプ占い、数秘術など多くの占術を会得。多くの女性誌、雑誌、WEBサイトの占いコーナーを担当し、『いちばんやさしいタロットの教科書』『夢占い事典』（以上、ナツメ社）、『血液型相性占い』『トランプ恋占い』（以上、実業之日本社）などの著書がある。

イラスト 渡辺奈々

編集・デザイン 松田義人、今井秋乃（deco）

編集協力 野本千尋、上中理香、ニチユー株式会社

編集デスク 浅野信子（主婦の友社）

これ1冊でぜんぶわかる

タロットの基本

2017年12月10日 第1刷発行
2021年 5月10日 第4刷発行

著 者 ルナ・マリア
発行者 平野健一
発行所 株式会社主婦の友社
〒141-0021 東京都品川区上大崎3-1-1
目黒セントラルスクエア
電話 03-5280-7537（編集）
03-5280-7551（販売）
印刷所 大日本印刷株式会社

ISBN978-4-07-420498-4

■本書の内容に関するお問い合わせ、また、印刷・製本など製造上の不良がございましたら、主婦の友社（電話03-5280-7537）にご連絡ください。
■主婦の友社が発行する書籍・ムックのご注文は、お近くの書店か、主婦の友社コールセンター（電話0120-916-892）まで。
＊お問い合わせ受付時間 月～金（祝日を除く） 9:30～17:30
主婦の友社ホームページ https://shufunotomo.co.jp/